Barbara Borngässer Klein / Markus Hilbich

Zweitausend Jahre Bauen in Deutschland

Barbara Borngässer Klein / Markus Hilbich

Zweitausend Jahre Bauen in Deutschland

Zeitgenössische Architektur / High-Tech und Postmoderne / Nachkriegszeit / Klassische Moderne / Jugendstil und Expressionismus / Historismus / Klassizismus / Barock und Rokoko / Renaissance und Manierismus / Gotik / Romanik / Römer, Karolinger und Ottonen

Harenberg Verlag

Autoren und Verlag danken allen Verwaltungen,
Unternehmen und Museen für ihre freundliche Unterstützung.

Die Idee für dieses Buch stammt von Dipl.-Kfm. W. Derwald
und Assessor F. Hörster (Baugewerbeverband Westfalen).

Die Fotos vom Plenarsaal des Deutschen Bundestags in Bonn
lieferte Christian Kandzia (Behnisch & Partner,
Stuttgart); die Innenaufnahme des Hohenhofs in Hagen
fotografierte Jochen Helle, das Münchner Antiquarium
Dietmar Vetter. Die Architekturzeichnungen für das Glossar
fertigte Dr. Pablo de la Riestra an.

Printed in Germany
ISBN 3-611-00335-2

»Bei jedem Bau sollen drei Dinge beachtet werden,
ohne die ein Gebäude kein Lob verdient. Diese drei Dinge sind:
Der Nutzen oder die Annehmlichkeit, die Dauerhaftigkeit
und die Schönheit. Schönheit entspringt der schönen Form
und der Entsprechung des Ganzen mit den Einzelteilen,
wie die Entsprechung der Teile untereinander und dieser wieder zum Ganzen,
so daß das Gebäude wie ein einheitlicher und vollkommener Körper
erscheint. Entspricht doch ein Teil dem anderen, und sind
doch alle Teile unabdingbar notwendig, um das zu erreichen,
was man gewollt hat.«

Andrea Palladio

Inhalt

Barock und Rokoko

Renaissance und Manierismus

Gotik

Romanik

Römer, Karolinger und Ottonen

Anhang

Einführung

Bauen in Deutschland sorgt wieder für positive Schlagzeilen: Nachdem das Image der zeitgenössischen Architektur jahrelang durch Berichte über Fehlplanungen, Bauskandale und Materialermüdung geprägt war, die Denkmalpflege nahezu ohnmächtig dem Verfall und der Zerstörung historischer Substanz zuschauen mußte, scheint sich das Bild der Baukunst in den letzten Jahren gewandelt zu haben. Vermehrt nimmt die Öffentlichkeit Anteil an der Diskussion um städtebauliche Konzepte, um Erhalt oder Abriß geschichtsträchtiger Monumente und um die Qualität planerischer Entwürfe. Über die Ursachen dieses wiedererwachten breiteren Interesses läßt sich nur spekulieren. Sicher haben qualitätvolle Werke wie die vielerorts entstandenen neuen Museumsbauten den Blick auf moderne Architektur gelenkt; auch die Gründung des Deutschen Architekturmuseums in Frankfurt am Main ist zugleich Anlaß und Symptom dieses Prozesses. Die Mitte der 80er Jahre in Berlin veranstaltete Internationale Bauausstellung (IBA) mit ihrer Ausrichtung auf die »Innenstadt als Lebensraum« dürfte ebenfalls viel zur Wiedergutmachung begangener Bausünden beigetragen haben.

Eine bemerkenswerte Ausweitung nahm die Diskussion um das Bauen in Deutschland nach der Wiedervereinigung an: Die Debatte um die Gestaltung Berlins als Hauptstadt und Regierungssitz, die Diskussion um den Abriß des Palastes der Republik und den Wiederaufbau des Schlosses, letztendlich der endlose, emotional geführte Streit um die Verhüllung des Reichstages haben gezeigt, daß Architektur wieder in ihrer politischen Funktion wahrgenommen wird. Ein »gesamtstaatliches Interesse« begann, Forderungen an **die Aussagekraft von Architektur** zu stellen. Nachdem jahrzehntelang die Funktion eines Baus im Vordergrund gestanden hatte, wurde man sich nun wieder seines Sinngehalts bewußt. Das Wissen um die Geschichtlichkeit der Formen und die Erkenntnis, daß ein von allen historischen Bindungen freies Bauen nicht mehr möglich, oder besser: nicht mehr adäquat ist, setzte sich durch. Die Moderne wurde damit vorerst *ad acta* gelegt. Eine nach eigener Identität suchende Gesellschaft erwartete eine Baukunst, die Tradition suggerierte und zumindest scheinbare Geborgenheit vermittelte.

Die Postmoderne lieferte als nicht nur auf die Architektur beschränktes internationales Phänomen das Vokabular für die neue, alte Sprache. Wenn auch die Vielzahl »klassischer« Giebel, die Säulen oder Arkadenstellungen mitunter eher Langeweile vermitteln, so wurde doch mit der Wiederkehr historisierender Formen ein Prozeß eingeleitet, der letztendlich der Architektur und ihrer Geschichte zugute kam. Indem die seit Jahrzehnten allein gültige Moderne in Frage gestellt wurde, ebneten sich Wege für eine unbefangene Auseinandersetzung mit pluralistischen Stilprinzipien. Die Diskussion um Architektur und ihre Gestaltungsmittel wurde von der dogmatischen Ebene in Bereiche verlagert, die nicht nur vielfältige Kreativitäten freisetzten, sondern zudem einem breiteren Publikum zugänglich waren. Auch wenn die Postmoderne inzwischen selbst wieder in Frage gestellt wird und der Dekonstruktivismus – das nur scheinbar konstruktive Chaos – die Architekturszene durcheinanderwirbelt, so ist ersterer doch eine wichtige Rolle zuzuschreiben: Es gelang ihr, die nach den Sünden der Nachkriegszeit häufig diskreditierte Baukunst wieder ins Zentrum eines breiteren Interesses zu stellen.

Die vorliegende Publikation möchte diesem Bedürfnis Rechnung tragen und einen Überblick über die nahezu 2000 Jahre umspannende Geschichte der Architektur in Deutschland geben. In zwölf Kapiteln werden – von der Gegenwart zurückschreitend – **die wichtigsten Epochen** der Baukunst vorgestellt, wobei das Territorium der heutigen Bundesrepublik den (sicher etwas willkürlichen) Rahmen vorgibt. Denn nicht nur die politischen Grenzen haben sich im Laufe ihrer Geschichte gewandelt, sondern auch die Vorstellungen davon, was »deutsche Architektur« sei. War das heute in Frankreich gelegene Straßburger Münster für Goethe noch der Inbegriff »deutscher Baukunst«, wurde es später von der Stilgeschichte als französische Architektur identifiziert. Ein ähnliches

Schicksal widerfuhr dem Kölner Dom. Dieses deutsche Nationaldenkmal des 19. Jahrhunderts ist ebenso französisch wie die Porta Nigra römisch und Wörlitz englisch; dennoch sind derartige Monumente wesentlicher Bestandteil deutscher Baugeschichte. Gerade die qualitätvollste Baukunst war fast immer international; heute, da mehr ausländische Architekten denn je in Deutschland bauen, wird dies um so deutlicher.

Mosaikartig werden im folgenden **72 Höhepunkte der Baukunst** in Deutschland in Wort und Bild vorgestellt. Einführungstexte zu den einzelnen Epochen versuchen, einen möglichst geschlossenen architekturhistorischen Überblick zu geben und die dargestellten Objekte miteinander zu verknüpfen. Die historischen Voraussetzungen bringen es dabei mit sich, daß die Epochen von der Römerzeit bis heute nicht nur mit unterschiedlichen Techniken und Stilformen aufwarten, sondern daß sie jeweils ihre eigenen Bauaufgaben zeitigten, die Spiegel veränderter gesellschaftlicher Verhältnisse oder veränderter Auftragsbedingungen sind. So reicht **das Spektrum der Architektur in Deutschland** vom Palast bis zum Parlament, von der Kirche bis zum Kaufhaus, von der Burg bis zur Bank. Wer auch immer der Bauherr war – Staat, Kirche oder Privatmann –, er suchte über die reine Zweckbestimmung hinaus seinen persönlichen Vorstellungen Ausdruck zu verleihen. Als die »öffentlichste« aller Künste ist die Architektur daher immer Träger eines »Images«, ganz gleich ob auf diesseitige oder jenseitige Zielvorstellungen ausgerichtet.

Erste Zeugnisse monumentaler Architektur in Deutschland sind der repräsentative **Wehr- und Palastbau** der Spätantike, der mittelalterliche **Sakralbau** mit den Kaiserdomen als »steinerner Manifestation« des Heiligen Römischen Reiches. Es folgten die Kirchen der Städte und einzelner Feudalherren, bis sich der Schwerpunkt im 15. und 16. Jahrhundert fast gänzlich auf den **Schloßbau** und die im Auftrag des Bürgertums entstandenen Werke verlagerte. Auch wenn Deutschland nicht gerade ein für die Renaissance-Architektur typisches Land ist, so wurden doch – beispielsweise im Weserraum – zahlreiche Bauten von beachtlicher Qualität und unverwechselbarer Eigenart errichtet.

Der Dreißigjährige Krieg (1618–1648) bedeutete einen tiefen Einschnitt in die Kontinuität architektonischer Entwicklung. Zu einem neuen Aufschwung kam es erst am Ende des 17. und im 18. Jahrhundert, als die Schlösser in Brühl, Dresden, Potsdam und Würzburg entstanden. In letzterem wird die Verquickung von weltlicher und geistlicher Macht besonders deutlich. Das Mäzenatentum kunstsinniger Fürstbischöfe ließ die barocken **Klöster und Residenzen** Süddeutschlands zu ebenso glanzvollen wie einzigartigen Gesamtkunstwerken werden.

Das 19. und 20. Jahrhundert sind – unter anderem – mit kühnen **Ingenieurbauten** vertreten, die sich technisch wie auch ästhetisch als bahnbrechend erwiesen haben. Details belegen, wie sehr neue Materialien und Fertigungsverfahren die Architekturgeschichte beeinflussen konnten. Jugendstil und Expressionismus hinterließen Monumente, die sich als Manifeste gesellschaftlicher Utopien verstanden. Dem **Siedlungsbau**, der die Wohnungsnot zwischen den Weltkriegen lindern sollte und dem große Bedeutung beigemessen wurde, ist ebenso Raum gewidmet wie der Entwicklung der »Miesschen Kiste«, dem Prototyp des funktionalen Hochhauses.

Nachdem das »Dritte Reich« die Avantgarde der Architekten ins Exil getrieben hatte, fanden beide deutsche Staaten nach 1945 nur schwer zu einem Neubeginn. Verwirklichte sich die DDR in monumentalen Staats- und Repräsentationsbauten, bestimmte – von einigen visionären Ausnahmen abgesehen – eine allzu pragmatische Kosten-Nutzen-Haltung die Bauszene im Westen. Eine Ausnahme machten die gigantischen Bankgebäude, »Kathedralen des Geldes«, die zum Ausdruck veränderter gesellschaftlicher Wertmaßstäbe und zum Träger innovativer Architektur wurden. Sie spiegeln die Ambivalenz dieser Zeit zwischen High-Tech und Mystizismus wider. Ein Umschwung setzte dann mit den **Kultur-, Sport- und Messestätten** der 70er und 80er Jahre ein: Diese Bauaufgaben trugen entscheidend zur Bereicherung und Popularisierung der Architektur in Deutschland bei. Daß die Bundesrepublik den Anschluß an die internationale Szene wiedergefunden hatte, wurde spätestens mit der IBA, der Internationalen Bauausstellung in Berlin (1984/1987), deutlich.

Die Auswahl der jüngsten Zeugnisse des Bauens in Deutschland muß freilich recht zufällig erscheinen: Noch fehlt der historische Abstand, der erkennen läßt, was kurzlebige Mode, was wegweisende Neuerung ist. So tritt die Avantgarde mit dekonstruktivistischen Bauten auf, die im Auftrag renommierter Firmen entstehen. Sie belegen, daß Deutschland den Anschluß an internationale Entwicklungen wiedergefunden hat und daß progressive Architektur nun auch hier den Stellenwert besitzt, der ihr im Ausland schon seit langem zugemessen wird. Ob sie deswegen auch für staatliche Selbstdarstellung geeignet ist, bleibt fraglich.

Seit kurzem sprechen viele Anzeichen dafür, daß – zumindest im öffentlichen Raum – eine **neue Repräsentations-Architektur** Einzug hält: Das wiedervereinigte Deutschland scheint unter dem Motto »Wir sind wieder wer« monumentalen Strukturen den Vorzug zu geben und dabei erneut auf Distanz zum Bürger zu gehen. So gesehen ist der neue, mit dekonstruktivistischen Elementen durchsetzte Plenarsaal des Deutschen Bundestages vielleicht das letzte Bauwerk der alten Bundesrepublik. Er eröffnet dieses Buch.

Zeitgenössische Architektur

Plenarsaal Bonn / Vitra-Feuerwehrhaus Weil am Rhein / Zeilgalerie Frankfurt / Hysolarinstitut Stuttgart / Messebauten Frankfurt / Museum für Kunsthandwerk Frankfurt

Wie ein Blitz aus heiterem Himmel schlug 1988 eine New Yorker Ausstellung in die beschauliche Landschaft postmoderner Architektur ein: »Dekonstruktivismus« hieß das neue Zauberwort, das nicht nur Architekten, sondern die Bauten selbst in Unruhe versetzte. Eine Gruppe teils junger, teils arrivierter, der Postmoderne überdrüssiger Architekten war mit Entwürfen an die Öffentlichkeit getreten, die jeder traditionellen Ästhetik und scheinbar auch der Schwerkraft widersprachen. Zerborstene Formen, schräge Wände, kippende Dächer vermittelten den Eindruck eines explosionsartigen Prozesses, der den Baukörper zu sprengen und in haltlose Unordnung zu stürzen schien. Doch trotz aller Brutalität waren die Projekte Ausdruck ungeheurer Kreativität und spielerischer Poesie. Die Künstler argumentierten, es sei »trivial«, der »Atombombe die dorische Säulenordnung entgegenzuhalten«, auch in einer Welt des Chaos und zunehmender Isolierung des Menschen müsse die Architektur Spiegel der Gesellschaft sein.

Der Name der bahnbrechenden Ausstellung im Museum of Modern Art, »Deconstructivist Architecture«, entstammte einem Denkmodell des französischen Philosophen Jacques Derrida. Ihr Initiator war **Philip Johnson,** ausgerechnet der Architekt, der 1984 mit dem New Yorker AT & T Building der Postmoderne den Weg geebnet hatte. Nun verhalf er zusammen mit der Irakerin Zaha Hadid, den Amerikanern Peter Eisenmann und Frank O. Gehry, dem in Berlin arbeitenden Daniel Libeskind, dem Niederländer Rem Koolhaas und dem Wiener Team COOP Himmelblau dem Dekonstruktivismus zum internationalen Durchbruch.

Bereits 1987 hatten sich in Deutschland erste Anzeichen des neuen Trends bemerkbar gemacht: **Günter Behnisch** und Partner, die 1972 mit ihrer bahnbrechenden Zeltkonstruktion in München Aufsehen erregt hatten, errichteten das Stuttgarter Hysolarinstitut, ein Zentrum zur Erforschung der Sonnenenergie, das mit dekonstruktivistischen Elementen durchsetzt war. Wie eine Persiflage auf technologische Präzision wirkt der aus schiefen Glasflächen, Aluminiumteilen und sich scheinbar zuwiderlaufenden Konstruktionsformen »zusammengeflickte« Bau. Auch in der Folgezeit gelangen dem Stuttgarter Team mehrere Bauten, die auf phantasievolle Weise der postmodernen Architektur eine Absage erteilten: Ähnlich collageartig wie das Hysolarinstitut, doch traditioneller in seiner Formgebung, ist das Postmuseum in Frankfurt am Main (1990), eine Kombination von High-Tech-Architektur und elegantem Design, die sich der Bebauung des Mainufers geschickt einpaßt. Dem russischen Konstruktivismus der frühen Moderne stehen die Produktions- und Verwaltungsstätten der Firma Leybold-Heraeus in Alzenau/Unterfranken nahe. Kompromisse mit den repräsentativen Ansprüchen – und offenbar auch mit der Technik – mußten Behnisch und Partner beim Plenarsaal des Deutschen Bundestages in Bonn eingehen; hier sollte der Dekonstruktivismus erstmals repräsentative Funktionen erfüllen.

Zum Zentrum avantgardistischer Architektur in Deutschland wurde Weil am Rhein: Dort verpflichtet die Möbelfirma Vitra bereits seit einigen Jahren konsequent renommierte Architekten, um der Sammlung modernen Designs den passenden Rahmen zu geben. Ein aufregend unkonventioneller Bau ist das 1989 fertiggestellte Museum, Höhepunkt einer »Art von Kunst- und Architekturpark«, wie er Vitra-Chef Rolf Fehlbaum vorschwebt. Der kalifornische Architekt **Frank O. Gehry** entwarf ein Gebilde aus weißen Blöcken, die sich wie Teile eines Eisbergs ineinander verkeilen. Mittels Schächten und Schrägen wird der Bau nur von oben beleuchtet, seine Wände blieben fensterlos. Trotz des wild verschachtelten Äußeren sind die Innenräume hell, klar und funktional. Zum Museumskomplex gehören ferner eine Fabrik des britischen High-Tech-Architekten **Nicholas Grimshaw,** ein Schulungszentrum des Japaners **Tadao Ando** sowie weitere Hallen- und Verwaltungsbauten von Frank O. Gehry und dem Portugiesen **Alvaro Siza.** 1993 wurde das vorerst spektakulärste Projekt der badischen Firma verwirklicht, das Haus der Werksfeuerwehr nach einem Entwurf der Irakerin **Zaha Hadid.**

Zaha Hadid war bislang nur mit »imaginärer« Architektur bekannt geworden; ihre bizarren Entwürfe galten als genial, aber nicht realisierbar. In Weil bekam sie erstmals Gelegenheit, eines ihrer Projekte auszuführen. Die stützenlose Betonhalle gleicht einem Pfeil, der sich aggressiv in den Raum bohrt. Glatte Beton- und Glasflächen sowie glänzende Aluminiumprofile durchschneiden sich kühn, erzeugen überall harte Kanten und willkürliche Brüche. Der ganze Bau scheint vor Kraft zu bersten. Folgt man den hymnischen Kritiken, so ist mit Zaha Hadids Zweckbau ein neues Kapitel der Architektur in Deutschland aufgeschlagen worden.

Neben den vorerst noch vereinzelten Erscheinungen des Dekonstruktivismus wurden in Deutschland in den späteren 80er und frühen 90er Jahren repräsentative Projekte in postmodernen Formen vollendet. Zum Hauptexperimentierfeld wurde Frankfurt am Main. Nach **Oswald Maria Ungers'** Messebauten, der neuen Halle 9 samt Galleria und dem Torhaus (1980–1984), erhielt die Metropole 1991 mit dem von **Helmut Jahn** entworfenen Messeturm ein weiteres postmodernes Wahrzeichen: Aus einem quadratischen Natursteinsockel schiebt sich teleskopartig ein gläserner Zylinder hervor, der von einer Pyramide bekrönt wird. Symbolhaftes Spiel mit traditionellen Bauformen verbindet sich mit metaphysischen Elementen, wenn die Turmspitze nachts erleuchtet ist und scheinbar schwerelos über der Stadtlandschaft schwebt. Ein weiterer Wolkenkratzer prägt seit 1993 die Frankfurter Skyline: das DG-Hochhaus der Architektengemeinschaft **Eugene Kohn, William Pedersen und Sheldon Fox.** Aus verschiedenen kubischen Baublöcken ragt ein säulenartiger Komplex hervor, der von einem überdimensionalen »Kapitell« bekrönt wird.

Neben der Postmoderne wurden aber auch andere Trends weiterverfolgt, eine rationale, an der klassischen Moderne orientierte Strömung, deren wichtigster Vertreter **Josef Paul Kleihues,** der Planer der IBA Berlin, ist, sowie neoexpressionistische Tendenzen, wie sie vor allem Gottfried Böhm vertritt. Die »Bioarchitektur« konnte sich professionell weiter entwickeln, blieb jedoch eine Randerscheinung im Bauwesen. Die deutsche Vereinigung und die beschlossene Verlegung des Regierungssitzes nach Berlin lösten eine Bewegung aus, die weg von den dezentralisierenden Tendenzen der IBA wieder zurück zu einer großspurigen, repräsentativen Architektur führte. Aus der »Sparkasse« des Bundeskanzleramts soll nun wieder ein Monumentalbau mit nahezu sakraler Aura werden. Es scheint (so eine der führenden Architekturzeitschriften), daß gerade »Stadtentwicklung zuvörderst eine Frage der Politik ist und erst dann eine der Architektur«.

Unter dieser Prämisse lassen sich verschiedene Vorhaben zusammenfassen, die im Mittelpunkt der Diskussion stehen und die Ausrichtung des zeitgenössischen Bauens in Deutschland in den kommenden Jahren vermutlich bestimmen werden. Es sind dies der geplante, äußerst umstrittene Abriß des asbestverseuchten Palastes der Republik und der von einflußreicher Seite geforderte Wiederaufbau des Stadtschlosses in Berlin sowie weitere Großprojekte: die Gestaltung des Potsdamer Platzes, die Konzeption des Parlamentsviertels im Spreebogen und der Ausbau des Regierungsviertels um die Spreeinsel.

Einige Entscheidungen sind bereits gefallen. So wird der Potsdamer Platz von »Corporate Centers«, signifikanten Firmenbauten, geprägt werden: Nach der Vorgabe eines Masterplans der Münchner **Heinz Hilmer** und **Christoph Sattler** soll 1994 mit der Bebauung des dreieckigen Sony-Grundstückes durch Helmut Jahn begonnen werden; sie umfaßt einen Torturm, Randbebauung und darin eingeschlossen einen eliptischen Stadtraum mit transparenter Dachkonstruktion. Der Genuese **Renzo Piano** gewann den Wettbewerb für das von Daimler-Benz erworbene Areal: Unter Beteiligung von Richard Rogers, Oswald Maria Ungers, Arata Isozaki u. a. soll eine »Piazza« als Zentrum multifunktionaler Bebauung entstehen, der Architekt hofft auf »Kontaminierung der Architektur durch Leben«. Für das Geschäftsviertel Friedrichstadt entwickelten **Johanne Gernot Nalbach** ein Konzept, das sich an charakteristischen Strukturen der Berliner Innenstadt orientiert.

Der Umbau des Reichstages wird wohl **Norman Foster** übertragen. Beschlossen ist auch die Konzeption des Parlamentsviertels: Aus dem mit 835 Konkurrenten aus 44 Staaten bislang aufwendigsten Wettbewerb aller Zeiten ging der Berliner **Axel Schultes** als Sieger hervor. Er präsentierte eine monumentale, aber dennoch flexible Lösung. Ein breites Band von Verwaltungs- und Parlamentsgebäuden soll sich vom Bahnhof Friedrichstraße bis nach Moabit hinziehen, das Areal im Spreebogen wie eine Sehne durchschneiden und damit eine West-Ost-Achse vorgeben. In der Mitte ist ein öffentliches Forum mit Bahnhof vorgesehen, zur Spree hin liegen Stadtgarten und Terrassen.

Während Berlin mehr und mehr Zentrum planerischer Spekulation wird, konnten in der alten Bundeshauptstadt zwei neue, noch vor der Wiedervereinigung beschlossene Kulturbauten vollendet werden: An der einförmigen Friedrich-Ebert-Allee entstanden Seite an Seite zwei Museen, die schnell miteinander in Konkurrenz traten – die Bundeskunsthalle des Wiener Architekten **Gustav Peichl** und das Städtische Kunstmuseum Axel Schultes'. Während sich Peichls Bau als geschlossener Block mit modisch-postmodernen Akzenten präsentiert, gelang Axel Schultes ein differenzierter Komplex, der in vielfacher Weise in Kontakt zur Umgebung tritt. Seine Architektur kommt ohne Zierat aus; klare Raumformen, abwechslungsreiche Ausblicke und eine effektvolle Lichtführung schaffen einen anspruchsvollen Rahmen für moderne Kunst.

Zwei Haupttendenzen stehen sich demnach am Ende des 20. Jahrhunderts in Deutschland gegenüber: der Dekonstruktivismus und eine gemäßigt postmoderne Architektur. Welche Richtung sich im neuen Jahrtausend durchsetzen wird, ist offen.

Der Plenarsaal des Deutschen Bundestages in Bonn *wurde 1992 fertiggestellt. Das vom Stuttgarter Büro Behnisch und Partner entworfene, am Rheinufer gelegene »Glashaus« (1-5) vereint auf verschiedenen Terrassen Parlament, Foyer und Lobby, den Präsidialbereich sowie ein Restaurant. Ursprünglich war in der Flußaue ein Neubau aller Parlamentsgebäude vorgesehen, doch wurde das großangelegte Vorhaben in den 80er Jahren modifiziert: Die meisten der bestehenden Einrichtungen blieben erhalten, nur der historische Plenarsaal wurde durch einen Neubau ersetzt.*

1

2

3

4

5

Günter Behnischs Architektur sollte »eine Metapher für das Ideal unserer gesellschaftlichen Ordnung«, ein »heiteres Parlament« werden. Symbolträchtig gewährt das Gebäude überall Einsicht: Sein Zentrum ist der kreisrunde Abgeordnetensaal (1), von dessen Form sich die Planer mehr Diskussionsfreude versprechen. Ihn umfängt die Lobby, die sich zum Rhein hin öffnet. Die Eingangshalle ist der Stadt zugewandt; in ihr verbindet eine elegante Freitreppe die unterschiedlichen Ebenen (2). Lebhafte Akzente setzt das dekonstruktivistische Design: Mit gewagten Schrägen, Leuchtstoffröhren und verwirrenden Gebilden wie einem »Mikadogeländer« oder dem »Vogelnest« (5) suggeriert es poetisches Chaos und kreative Unruhe. Die Atmosphäre des Restaurants (4) wird von Signalfarben beherrscht.

Das Feuerwehrhaus der Möbelfabrik Vitra in Weil am Rhein, *1993 fertiggestellt, gilt schon jetzt als Meilenstein dekonstruktivistischer Architektur in Deutschland. Als erstes realisiertes Projekt der irakischen Architektin Zaha Hadid steht es in der Reihe wagemutiger Konzeptionen, für die das Möbelunternehmen in den letzten Jahren berühmt geworden ist. Der trotz seiner explosiven Erscheinungsform funktionale Bau integriert sich mühelos in das Firmengelände und schottet es gleichzeitig nach außen ab (1). Wie ein Blitz bohrt sich das Feuerwehrhaus in den Raum. Seine Strukturen scheinen sich gegeneinander zu verschieben, bieten dem Betrachter keinen Halt. Im Inneren bestätigt sich dieser Eindruck: Schräge Wandflächen verkeilen sich ineinander (3), Linien kreuzen sich (7), freitragende Treppen, vom Geländer nur locker flankiert, schneiden sich durch die Stockwerke (2, 4). Der Clubraum mit dem Zugang zur Dachterrasse (5, 6) offenbart dagegen die Großzügigkeit und Weite, die dem dynamischen Bau bei aller Perfektion im Detail innewohnen.*

1

2

3

4

5

6

7

Die Zeilgalerie in Frankfurt. *1992 wurde in der Frankfurter Innenstadt die Zeilgalerie »les facettes« eingeweiht. Der Bau des Darmstädter Architekten Rüdiger Kramm entzieht sich den üblichen Kategorien wie Einkaufszentrum, Kaufhaus oder Flaniermeile. Er ist ein pulsierender Mechanismus, der kommerziellen Anforderungen unterliegt, aber mit hohem künstlerischem Anspruch konzipiert wurde (1). Die Zeilgalerie versteht sich als kinetisches Gesamtkunstwerk, das auf äußere Bedingungen – Licht, Lärm, Besucherstrom – reagiert oder diese zumindest transparent macht. Die architektonische Konzeption ist einfach: Auf zehn Ebenen verteilen sich Einzelläden um einen über alle Geschosse reichenden, glasüberwölbten Innenhof – das Herz der Anlage (2). Wie im New Yorker Guggenheim-Museum lassen sich sämtliche Stockwerke über eine insgesamt 700 Meter lange Rampe erreichen. Die Details sind es, die eine reizvolle Unruhe schaffen: Dekonstruktivistische Elemente, rechnergesteuerte Lichteffekte und aggressive Farbgebung durchbrechen die traditionelle Warenhausatmosphäre.*

1

2

Das Hysolarinstitut in Stuttgart, *Zentrum der Erforschung von Sonnenenergie, verhalf 1987 einem neuen Trend in der deutschen Architektur zum Durchbruch: dem Dekonstruktivismus. Nach einem philosophischen Denkmodell benannt, versteht er sich als Reaktion auf das Zerbrechen naturwissenschaftlicher wie gesellschaftlicher Normen. Der kleine, vom Büro Behnisch und Partner errichtete Bau entspricht diesen Vorstellungen: Eine chaotische, hinreißend schräge Konstruktion wird offenbar einzig und allein von einem roten Rohr zusammengehalten (4). Fenster und Türen, barackenartig zusammengeflickt, scheinen kurz vor dem Einsturz (2). Der Eindruck trügt jedoch: Die Räume im Innern sind eben (5), die Materialien edel – Glas und Aluminium (1); die Konstruktion ist eine statische Meisterleistung (3). Günter Behnisch persifliert hier auf heitere Weise die Perfektion der Technik; sein »Chaos« ist faszinierend kreativ und zugleich funktionell.*

1

2

3

4

5

Torhaus, Halle 9 und »Galleria« der Frankfurter Messe *wurden zum Aushängeschild des »Neuen Frankfurt«. Ab 1983 von dem Kölner Architekten Oswald Maria Ungers erbaut, sind sie Teil eines gigantischen Vorhabens, welches das Messegelände städtebaulich aufwerten und ihm zeichenhaften Charakter verleihen soll. So wendet sich das Torhaus als überdimensionales Portal zur City (1), Halle 9 öffnet die Messe dem vom Westen Anreisenden, die Galleria schmückt sich mit dem Flair historistischer Ladenpassagen (2). Helmut Jahns Messeturm und Messe-Eingang City ergänzen seit 1989/1991 das Ensemble.*

Ungers' Frankfurter Messebauten gehen wie alle seine Werke von strengen geometrischen Schemata und architektonischen Grundformen aus, die hier »postmodern« collagiert werden: Beim Torhaus, dessen Inneres ganz von der Rasterstruktur beherrscht wird (3), überlagern sich Sockel, Quader und gläserner Schaft. Ein durchsichtiger Triumphbogen eröffnet die Galleria. Der lange Verbindungsbau ist von einer kassettierten Tonne überwölbt und an den Wandflächen klassisch gegliedert.

1

2

3

Das Museum für Kunsthandwerk in Frankfurt am Main, *ein Werk des New Yorker Architekten Richard Meier, wurde 1985 vollendet. Zusammen mit dem Architekturmuseum (Oswald Maria Ungers, 1984), dem Deutschen Postmuseum (Günter Behnisch und Partner, 1990) und der Erweiterung des Städelschen Kunstinstituts (Gustav Peichl, 1991) gehört es zu den aufsehenerregenden Neubauten des Frankfurter Museumsufers.*

Meiers Bau basiert auf einer Rasterstruktur, die Innen- und Außenraum bestimmt (1). Modul für seine Größe war die klassizistische Villa Metzler, die in den Museumskomplex integriert wurde. Meiers Neubau rahmt das Haus, ohne es in seiner Integrität zu verletzen. Eine glasverkleidete Brücke, die Passerelle, verbindet die beiden Trakte (3); der alte Baumbestand des Parks blieb erhalten.

1

Klare, geometrische Formen, ausgewogene Proportionen und lichtdurchflutetes Weiß dominieren die Räume des Museums. Meiers Architektur steht damit ganz in der Tradition der klassischen Moderne, die über Jahrzehnte die Baukunst geprägt hatte. Allerdings wird die Strenge der Linien hier durch überraschende Durchblicke (2), durch Achsverschiebungen und die Verwendung kostbarer Materialien gemildert.

Noch das kleinste Detail – bis hin zur Einrichtung der Vitrinen und der Plazierung der Exponate – wurde von Meier selbst geplant (4). Nichts erscheint zufällig, beliebig oder austauschbar. Das Ergebnis ist ein Museumsbau, der die Vorstellung von Architektur als Gesamtkunstwerk perfekt verwirklicht.

2

3

4

High-Tech und Postmoderne

IBA Berlin / Deutsche Bank Frankfurt / Staatsgalerie Stuttgart / Museum Abteiberg Mönchengladbach / BMW-Hochhaus München / Olympiagelände München

Zu Beginn der 70er Jahre vollzog sich ein grundlegender Umbruch in der Architektur: Hatte zuvor Mies van der Rohes »Less is more« (»Weniger ist mehr«) fast ein halbes Jahrhundert die Ästhetik der modernen Architektur bestimmt, so konterte nun der Amerikaner **Robert Venturi** mit den Worten »Less is a bore« (»Weniger ist langweilig«). Venturi plädierte für eine komplexe, mannigfaltige und sogar widersprüchliche Baukunst, die dem Purismus der Nachkriegszeit den Kampf ansagte. Damit war der Weg geöffnet für technische wie formale Experimente, die zur endgültigen Abkehr von der klassischen Moderne führten.

Zunächst rivalisierten verschiedene Strömungen. Der Funktionalismus, entwickelt unter dem Eindruck der Raumfahrt und deren neuer Technologien, fand im Pariser Centre Pompidou sein augenfälligstes Beispiel (Architekten sind **Renzo Piano** und **Richard Rogers**). Im Kontrast dazu stand die weiße, kubische Elementararchitektur der »New York Five«, der fünf Architekten um **Richard Meier**. Repräsentationsarchitektur klassischen Stils rivalisierte mit ironisch-romantischen und teilweise alternativ ausgerichteten Konstruktionen. Anfang der 80er Jahre trat die sogenannte Postmoderne auf den Plan, die ihren Namen einem der Literaturgeschichte entstammenden Trend verdankt. Das New Yorker Verwaltungshochhaus der Telefongesellschaft AT&T, von **Philip Johnson** und **John Burgee** klassisch gegliedert und mit einem krönenden, in barocker Manier »gesprengten« Giebel versehen, löste die Wende zu einer nun wieder bildhaften Architektur aus. An ihm entzündete sich eine erbitterte Debatte um die Legitimation der Postmoderne, die zumindest pragmatisch zugunsten letzterer entschieden wurde. Allenthalben entstanden Bauten, die bewußt mit historisierenden Elementen spielten, deren Formen nach langer Abstinenz wieder Inhalte, Symbole und figurative Elemente unterlegt wurden. Obwohl von intellektueller Seite kritisiert, gehörte der Postmoderne die Zukunft, entsprach sie doch einem allgemeinen Bedürfnis nach identitätsstiftender Fiktion.

Die Entwicklung in der deutschen Architektur der 70er und 80er Jahre verlief – ähnlich wie in Amerika – von einer experimentellen, stilistisch vielfältigen Phase zum Durchbruch der Postmoderne. Wie bereits 1958 Egon Eiermanns Pavillon auf der Weltausstellung in Brüssel löste 1967 ein temporärer Bau, der deutsche Pavillon auf der »Expo« in Montreal, einen Innovationsschub aus: Ein Zeltdach, an einem vorgespannten Stahlseilnetz aufgehängt, überzogen mit einer lichtdurchlässigen Membranhaut, überspannte eine variable Ausstellungsfläche von 8000 Quadratmeter (Entwurf: **Frei Otto**). 1972 wurde dasselbe Prinzip von **Günter Behnisch** und Partnern in große Dimensionen übertragen. Die Zeltlandschaft der Münchner Olympiabauten verbindet technische Perfektion mit natürlich bewegten Silhouetten, monumentale Repräsentation mit überschaubaren Proportionen. Von erhöhtem Standpunkt oder aus größerer Ferne betrachtet, offenbart sich die städtebauliche Qualität des Ensembles: Wie natürlich gewachsen fügt es sich organisch in den Kontext ein, fragilen Schaumkronen ähnlicher als erstarrter Architektur.

Einen Kontrapunkt bildet das nahegelegene Verwaltungsgebäude der Bayerischen Motorenwerke (BMW). Ein »Kolben« und »überdimensionale Zündkerzen« beherbergen die Geschäftsräume, nicht zu übersehende Botschafter der Produkte des Konzerns. **Karl Schwarzer** verwandte bei seinem Bau Elemente der Pop Art und griff gleichzeitig auf die Tradition der »architecture parlante«, der zum Betrachter sprechenden Architektur, zurück. Das Ensemble wirkt jedoch nicht nur wegen seines Zeichencharakters; es ist zudem ein geglücktes Beispiel für die Integration verschiedener Baukörper in einen funktionellen und städtebaulich ansprechenden Zusammenhang.

Die Inszenierung und beinahe schon symbolhafte Zurschaustellung von Technik bestimmte auch eine Reihe weiterer Bauten, die gegen Ende der 70er Jahre entstanden: Die Wasserversuchsanstalt der Technischen Universität in Berlin, 1976 von **Ludwig Leo** vollendet, ist mit ihrer gigantischen Rohrleitung nicht nur unmittelbarer Ausdruck der sie bestimmenden

Aufgabe, sondern mindestens ebenso Mystifizierung derselben. Ganz zur Maschine wird die ebenfalls von Leo errichtete Berliner Station der Deutschen Lebensrettungsgesellschaft. **Otto Steidles** Wohnbauten in München und Nürnberg verwenden Fertigteile, die dekorativ kombiniert, doch stets in einer Art Rohzustand belassen wurden. Bei der Siedlung der »documenta urbana« in Kassel, die Anfang der 80er Jahre entstand, mischten sich bereits mehr und mehr bildliche Elemente in die Konstruktion.

Bankbauten entwickelten ihre eigene Ästhetik: Auf den »Filetstücken« der Innenstädte errichtet, beanspruchen sie jene Rolle im Stadtbild, die einst dem Gotteshaus zukam. Sie haben monumental, unverwechselbar und distanzgebietend zu sein, eben »Kathedralen des Kapitalismus«. Die Zwillingsbauten der Zentrale der Deutschen Bank in Frankfurt am Main dokumentieren dies überdeutlich (Architekten sind die Frankfurter **Walter Hanig, Heinz Scheid und Johannes Schmidt**). Jeden menschlichen Maßstabs entzogen, undurchschaubar, kristallin und makellos, wirken sie wie Monolithe, die eine außerirdische Kraft hervorgebracht hat. Die Verdoppelung des Baukörpers – eine Anleihe an das World Trade Center in New York – schafft zusätzlich eine fast magische Spannung zwischen umbautem Raum und Leere.

Neue Wege beschritt dagegen die Hypo-Bank in München. Nicht nur, daß sie ihre Verwaltungsgebäude in die Randzonen der Stadt verlagerte, sie sah – zumindest in einem ersten, noch nicht von Sicherheitserwägungen korrigierten Konzept – eine stärkere Öffnung des Komplexes und eine Dezentralisierung der Funktionsbereiche vor. Originell und statisch brisant ist der Büroturm: Drei Dreiecksprismen sind an Rundpfeilern aufgehangen; wie Schlaufen verbinden Träger den Kern mit den im Parallelogramm arrangierten Stützen. High-Tech, Witz und Erfindungsgabe verbinden sich zu einer Einheit.

Das Thema der Dezentralisation bestimmte auch den Museumsbau, der die eigentlich innovative Bauaufgabe der 80er Jahre wurde. **Hans Hollein** schuf mit dem Museum am Abteiberg in Mönchengladbach eine Museumslandschaft, die sich mit Terrassen, Sheddachhallen und einem Punkthochhaus dem Hang des Berges anpaßt. Wie eine Collage sind die verschiedenen Baukörper kombiniert, bieten immer neue Ein- und Ausblicke; jedem Exponat ist individueller Raum zugestanden. Edle Materialien wie Marmor, Stahl und Titanzink betonen das Detail. Ein »Haus im Haus« ist das Frankfurter Architekturmuseum, ein Werk von **Oswald Maria Ungers** aus dem Jahr 1984. Auch hier mußte – ähnlich wie bei Richard Meiers benachbartem Museum für Kunsthandwerk – ein vorhandener Bau integriert werden. Ungers nutzte die Situation zu einem eindringlichen Verwirrspiel zum Thema »gebauter Raum«, das die Aufgabe des Museums bildhaft erläutert.

Die größte Beachtung erfuhr jedoch die Württembergische Staatsgalerie in Stuttgart, die **James Stirling** konzipierte. Obwohl kontrovers diskutiert, verhalf sie der postmodernen Architektur in Deutschland zum Durchbruch. Stirling spielt in ihr mit historisierenden Formen, die er ironisch paraphrasiert und mit modernen Elementen durchsetzt. Geschickt und phantasievoll ist eine offene Rotunde in U-förmige Galerieflügel eingebunden. Im Inneren wie am Außenbau gliedern Dreiecksgiebel, Triumphbögen und Ädikulen in traditioneller Manier die Flächen, sind aber zugleich durch poppige Farben verfremdet. Immer wieder »stören« schockierende Eingriffe die klassischen Formen – Beleg für den zwanglosen Umgang des Architekten mit der Historie.

Populär wurde die Postmoderne vor allem durch die Internationale Bauausstellung (IBA) in Berlin (1984/1987), obwohl dort die verschiedensten Auffassungen von Architektur zutage traten. Neben der »IBA-Alt«, die sich unter der Leitung von **Hardt-Waltherr Hämer** der Stadtsanierung verschrieben hatte, demonstrierte die »IBA-Neu« (Direktor: **Josef Paul Kleihues**) in den Problemzonen der Stadt den Pluralismus der Baukunst der 80er Jahre. Namhafte Architekten aus aller Welt erhielten Gelegenheit, ihre Vorstellungen von modernem Städtebau zu verwirklichen.

Die Beiträge reichten von postmodernen Konzepten wie der Hafenbebauung in Tegel (**Charles Moore**) und dem Wissenschaftszentrum (James Stirling) über ökologisch orientierte, individuell gestaltbare Eigenheime (Frei Otto) und romantische Stadtvillen bis hin zu historisierenden Wohn- und Geschäftsbauten (**Aldo Rossi, Peter Eisenmann** u. a.) und der Wiederentdeckung der Blockbebauung (**Rob Krier**). Fabriken wie die dampferähnliche Phosphateliminationsanlage in Tegel (**Gustav Peichl**) wiesen der deutschen Industriearchitektur einen neuen Weg. Gerade der letzte Bau knüpfte jedoch an eine lange Reihe unter dem Schlagwort »Maschinenästhetik« zusammenzufassende Bauten an.

Die IBA-Alt dürfte dagegen vor allem auf der planerischen Ebene ein Umdenken ausgelöst haben: Unter dem Schlagwort der »behutsamen Stadterneuerung« wurden sowohl Einzelobjekte als auch Ensembles in mehreren Stufen saniert und verschönert, wobei die Bewohner an der Planung beteiligt wurden. Voraussetzung war, die Vielfalt der Funktionen eines Viertels zu erhöhen, dabei aber seinen Zusammenhang zu festigen. Von diesem Konzept gingen wichtige Impulse für städtebauliche Planungen der 90er Jahre aus.

Gemeinsames Merkmal aller Projekte, die im Rahmen der IBA Berlin errichtet wurden, ist die wachsende Bereitschaft der Teilnehmer, sich auf die Geschichte und Individualität des Ortes einzulassen. Die Stadt wurde als bauliche und funktionale Einheit wiederentdeckt, die es zu ergänzen, aber nicht willkürlich zu verändern gilt. Die Abkehr von einer missionarisch implantierten Repräsentationsarchitektur, die Hinwendung zur behutsamen Stadterneuerung dürfte vielleicht die wichtigste Errungenschaft der letzten Dekade sein.

Die Internationale Bauausstellung in Berlin, *zu Ende der 70er Jahre konzipiert und 1984 bis 1987 realisiert, gab dem Städtebau in Deutschland neue Impulse. Nach Jahrzehnten der Kahlschlagsanierung widmeten sich die Planer nun einer »behutsamen Stadterneuerung«. Der besonderen Situation Berlins entsprechend, gliederte sich die IBA in zwei gleichwertige Abschnitte, die IBA-Alt, die sich unter der Leitung von Hardt-Waltherr Hämer dem Problemgebiet SO 36 in Kreuzberg widmete, und die IBA-Neu, für die Josef Paul Kleihues verantwortlich zeichnete.*
Entscheidender Faktor der Bauausstellung und Garant für ihren Erfolg wurden die gestalterische Freiheit und das pluralistische Konzept des Projekts. Architekten aus aller Welt erhielten Gelegenheit, selbst ihre zuweilen visionären Vorstellungen zu verwirklichen.

1

Das Spektrum reicht von Charles Moores postmoderner Hafenbebauung (1, 2) in Tegel bis zu Frei Ottos »City- und naturnahem Wohnen auf Selbstbau-Etagengrundriß«, von romantischen Stadtvillen bis zur Rehabilitierung der Block- und Eckbebauung. Dabei gelangen vor allem Peter Eisenman, Rob Krier und Aldo Rossi (4) eindrucksvolle Lösungen. Mit Gustav Peichls Phosphat-Eliminationsanlage in Tegel (3) lebte die »Dampferarchitektur« der klassischen Moderne wieder auf. Vielfältig wie die Bauaufgaben waren auch die stilistischen Tendenzen: Obwohl postmoderne Formen überwogen, traten mit Daniel Libeskinds gezacktem Entwurf für das Jüdische Museum bereits dekonstruktivistische Elemente in Erscheinung. Ökologische Vorstellungen flossen ebenso in die Planungen mit ein wie Reminiszenzen an die 50er Jahre.

2

3

4

Deutsche Bank in Frankfurt. *Walter Hanig, Heinz Scheid und Johannes Schmidt vollendeten 1987 die Verwaltungszentrale der Deutschen Bank im Frankfurter Westend. Unnahbar, wie Zeugnisse einer fremden Kraft, stehen die verglasten Blöcke inmitten des Stadtgefüges. Sie entbehren jeder plastischen Gliederung, werden bestimmt nur von ihrer prismatischen Form und dem Spiel des einfallenden Lichts. Ihre Zwillingsgestalt – ein Motiv, das sich seit dem Bau des New Yorker World Trade Center als besonders wirkungsvoll erwiesen hat – sorgt für zusätzliche Spannung im Raum (2).*

Ein viergeschossiger Sockelbau birgt das Foyer. Seine Fassaden erlauben keinen Blick ins Innere; die Brechung der Oberfläche erzeugt jedoch überraschende Perspektiven (3 und 4). Die 155 Meter hohen Bürotürme (1) streben in 13 Meter Abstand gen Himmel. Die völlige Spiegelverlagerung läßt sie im wechselnden Tageslicht wie Teile einer abstrakten Monumentalplastik erscheinen.

1

2

3

4

Die Staatsgalerie in Stuttgart, *ein Werk des Briten James Stirling, das 1984 vollendet wurde, verhalf der Architektur der Postmoderne in Deutschland zum Durchbruch. In Fachkreisen kontrovers diskutiert, entwickelte sie sich in kürzester Zeit zum Publikumsmagneten und trug dazu bei, der Baukunst allgemein wieder zu mehr Aufmerksamkeit zu verhelfen. Stirlings Bau zeichnet sich zuallererst durch eine herausragende städtebauliche Konzeption aus: Der umgebenden Verkehrswüste antwortet er mit einer Rampe und grellen Farbsignalen, die zum Betreten des Museums einladen. Wie ein barocker Schloßbau ist es U-förmig um eine Art »Ehrenhof« gelegt. Die Rotunde (3 und 5), ein abgeschirmter Innenhof, in dem collageartig antikische Elemente zur Schau gestellt werden, ist eine Reminiszenz an Schinkels Altes Museum in Berlin.*

1

Einen abrupten Bruch mit dem historisierenden Hof stellt dagegen die Eingangshalle dar, ein schräger, farbig akzentuierter Glaskörper mit geschwungener Linienführung (2). Strengere Züge bestimmen den Kassenraum, dessen Oberlicht reizvolle Strukturen erzeugt (1 und 4). In traditioneller Konzeption sind die Ausstellungsräume als »Enfilade« angelegt, als Raumflucht, die den Weg des Besuchers vorschreibt. Klassische Gliederungselemente und moderne Präsentation gehen hier eine ideale Verbindung ein. Die Staatsgalerie, die in Deutschland die Debatte um die Postmoderne auslöste, ist jedoch ein Manifest der Vielfalt: Indem historistische Motive sofort wieder in Frage gestellt werden, ironisiert sich der Bau selbst – Zeichen eines kritischen Umgangs mit der Tradition.

2

3

4

5

Das Städtische Museum Abteiberg in Mönchengladbach *wurde zwischen 1972 und 1982 von dem Wiener Hans Hollein erbaut. Es ist im Grunde eine »Museumslandschaft«, die sich am Hang des Berges entlangzieht (1). Terrassen, quadratische Sheddachhallen und ein Punkthochhaus bilden einen Komplex, der sich aus verschiedenartigen Elementen zusammensetzt, aber einer gemeinsamen Aufgabenstellung dient. Das Abteibergmuseum ist damit ein Gegenmodell zu dem seit Jahrzehnten gepflegten »Containerbau«, der alle Funktionen unter einem Dach vereint. Die Sheddachhallen (4), die von Norden belichtet werden, erinnern äußerlich eher an Industriearchitektur; durch ihren Schnitt eröffnen sie im Inneren vielfältige Perspektiven. Die Verwaltung ist in einem Hochhaus untergebracht, das durch seine betonte Vertikale mit den quergelagerten Hallen kontrastiert.*

1

2

3

4

5

6

Im Zusammenspiel von Architektur und Ausstellungsobjekt erwies sich Holleins Bau als bahnbrechend. Durch sein additives Raumkonzept konnte jedem Exponat ein individueller Rahmen zugestanden werden; kein Saal gleicht dem anderen (2 und 3, 5 und 6). Edle Materialien wie Marmor, Titanzink, Stahl sowie Ziegel- und Glasverkleidungen verleihen dem Inneren höchste Raffinesse.

Das BMW-Verwaltungsgebäude *in München, 1970 von Karl Schwanzer entworfen und 1973 fertiggestellt, ist das, was in der Baugeschichte als »Architecture parlante« (als sprechende Architektur) bezeichnet wird. Wie die Kolben eines Vierzylinders erhebt sich der Verwaltungstrakt, ergänzt durch die flache Schale des werkseigenen Museums und ein flachgestrecktes Betriebsgebäude (3). Eine wirkungsvollere Verkörperung des Firmenimages läßt sich kaum vorstellen.*

1

Darüber hinaus gelang dem Architekten ein in seiner technischen Perfektion und künstlerischer Schönheit grandioser Bau. Konstruktive Notwendigkeiten und ästhetische Perfektion gehen Hand in Hand: So sind die von Aluminiumprofilen gerahmten Fenster aus akustischen Gründen geneigt, verleihen der Fassade aber zugleich Plastizität (2); die vier die Zylinder tragenden Säulen hat Schwanzer trotz ihrer enormen statischen Belastung in ästhetische Gruppen aufgelöst (1).

2

3

Die Olympiabauten von München, *vom Büro Günter Behnisch und Partner 1968 bis 1972 realisiert, werden mit Sicherheit einen vorderen Platz in der Architektur des 20. Jahrhunderts einnehmen (3). Statt – wie bei Olympischen Spielen üblich – auf Monumentalität zu setzen, wurde in München eine sich der Landschaft anschmiegende, offene und elegante Zeltkonstruktion bevorzugt, die auch nach den Wettkämpfen in vielfältiger Weise attraktiv blieb (2). Behnischs weiträumige Dachlandschaften bestehen aus Plexiglasscheiben, die in Seilnetze eingefügt sind; diese werden wiederum zwischen hohen Masten verspannt (1). Das Verfahren solcher »leichten Flächentragwerke« wurde von dem Stuttgarter Architekten Frei Otto entwickelt und erstmals auf der Weltausstellung in Montreal vorgeführt.*

1

2

3

4

5

Der ästhetische Reiz der Konstruktion offenbart sich dem Betrachter ganz unmittelbar: An jeder Stelle ist das Funktionieren der Zug- und Drucktechnik einsichtig (5). Das Dach modelliert mit seiner Silberhaut den Raum (4): Es bietet Schutz, wirkt jedoch nirgends beengend – ein für Massenveranstaltungen geradezu idealer Effekt. Hier zeigt sich High-Tech in Vollendung.

Nachkriegszeit

Neue Nationalgalerie Berlin / Philharmonie Berlin / Wallfahrtskirche Neviges / Oper Dortmund / Severinsbrücke Köln / Stalinallee Berlin

Erst seit wenigen Jahren ist die Architektur der Nachkriegszeit Gegenstand ernsthaften Interesses – sieht man von einigen spektakulären Bauten wie der Philharmonie und der Kongreßhalle in Berlin ab, die von Beginn an im Rampenlicht standen oder nachträglich für Schlagzeilen sorgten. Zu sehr war das Bild der Zeit des Wiederaufbaus und des »Wirtschaftswunders« geprägt von auflehnender Abneigung oder nostalgischer Erinnerung. Eine Generationsspanne war nötig, um die Eigenheiten dieser Jahre zu erkennen und ihre Stärken und Schwächen in den historischen Kontext einzuordnen.

Paradoxerweise war es gerade die Debatte um die Postmoderne, die eine kritische Auseinandersetzung mit den 50er und 60er Jahren in Gang setzte. Sie ebnete den Weg zu einem besseren Verständnis der Epoche des Nierentisches und der »gläsernen Box«. Aus pragmatischer Sicht heraus war die vorrangige Aufgabe der Jahre nach 1945 der schnelle Wiederaufbau der Städte und die Schaffung eines neuen, demokratischen Lebensraums. Die Perfektionierung und großflächige Anwendung des Gußbetons und die damit verbundene Mechanisierung des Bauprozesses leisteten einer hastigen, undifferenzierten Architektur Vorschub. Mindestens ebenso stark war jedoch das Bedürfnis, mit ästhetischen Mitteln die Traumata des Nationalsozialismus und der Kriegsjahre zu überwinden. Der geschmeidige Schwung der Formen, die heitere Leichtigkeit des Designs sind als Reaktion auf die neoklassizistische Monumentalität der NS-Architektur zu verstehen. Jeder Bau, jede Kaffeekanne spiegelte etwas von der Euphorie der überstandenen Krisenzeiten wider – »Survival through design«, wie **Richard Neutra** diesen Trend charakterisierte. So trägt die Baukunst der Nachkriegszeit einen Januskopf: Zwischen Kunst und Kitsch, zwischen Avantgarde und Trivialität bahnte sie sich einen Weg in ein neues, besseres Zeitalter.

Herausragendes Beispiel für die Qualität des Entwurfs und für den Stellenwert, den man dem reinen Zweckbau zumaß, ist die Hochgarage am Lichtplatz in Düsseldorf, Deutschlands erstes und wohl auf immer schönstes Parkhaus. **Paul Schneider Esleben** errichtete den rundum verglasten, von einem auskragenden Dach überspannten Bau 1950. Bestimmendes Element ist die elegante Freitreppe, die in gesamter Breite die Horizontalen der Fassade durchbricht.

In für heutige Verhältnisse unglaublicher Schnelligkeit, in nur einem halben Jahr, wurde 1953 in Karlsruhe die Schwarzwaldhalle errichtet, ein Schalenbau mit geschwungenem Dach, in formaler Hinsicht Vorläufer der Kongreßhalle in Berlin. Im Gegensatz zu letzterer erwies sich ihre Konstruktion als dauerhaft. Sie steht für die technische wie ästhetische Experimentierfreude, die das erste Jahrzehnt nach 1945 beflügelte. Es wurden neue Bauaufgaben formuliert: Stuttgarts Fernsehturm mit seiner schlanken, geschmeidigen Eleganz (Architekt war **Fritz Leonhardt**) gilt als Prototyp vieler folgender Bauten seiner Gattung. Der neue Schwung erfaßte bundesweit Kino- und Theaterräume ebenso wie Brücken und Treppenhäuser.

Auf dem Gebiet der Deutschen Demokratischen Republik hielt man dagegen an neoklassizistischer Symmetrie und Axialität fest. Die Stalinallee (heute Karl-Marx- und Frankfurter Allee) wurde zum Aushängeschild des sozialistischen Städtebaus. Trotz des formalen Konservativismus erwies sich ein Faktor als zukunftsweisend: Indem Wohnbauten mit Geschäftszentren und Freizeiteinrichtungen durchmischt wurden, verhinderte man die Bildung »toter« Stadtviertel, in denen mit Ladenschluß das Leben ausstirbt – ein Problem, das andernorts noch lange nicht gelöst werden konnte.

Zum Aushängeschild der Nachkriegsarchitektur der Bundesrepublik wurde der Deutsche Pavillon auf der Expo 1958 in Brüssel, konzipiert von **Hans Eiermann** und **Sep Ruf:** Acht aus Stahl und Glaswänden gebildete, mittels Steg verbundene Ausstellungsgebäude ermöglichten die Einbettung des Baus in die Landschaft. Die Stützen traten hinter die Fassade zurück, ein Motiv, das seit Mies van der Rohes Barcelona-Pavillon als ästhetisches Mittel eingesetzt wurde und nun weite Verbreitung fand. Mit diesem Bau demonstrierte Deutschland den Anschluß an den Internationalen Stil der 30er Jahre, dem seine Entfaltung aufgrund der ideologischen Vorstellungen des Nationalsozialismus verweigert war. Geradezu zum Symbol des Wiederaufbaus wurde ein weiteres Werk Eiermanns, die Kaiser-Wilhelm-Gedächtniskirche in Berlin. Das provozierend schlichte, äußerlich fast brutal anmutende Oktogon der Kirche und der freistehende prismatische Glockenturm flankieren die Ruine des kriegszerstörten neoromanischen Baus, der – entgegen der ursprünglichen Planung – als Mahnmal erhalten wurde. Eiermanns kompromißloser Neubau wirkt vor allem nach innen: Die zwischen Stahlskelette eingehängten Betonwaben-Fassaden sind mit blauem Glas gefüllt, das eine abschirmende, nahezu mystische Atmosphäre erzeugt. Der kontemplative Innenraum steht in denkbar großem Kontrast zu der ihn umgebenden Verkehrswüste und Hektik der Stadt.

Die etwa gleichzeitig von **Hans Scharoun** vollendete Philharmonie geht anderere Wege: In der Tradition der expressionistischen Architektur der 20er Jahre stehend, ist sie Vertreterin eines »organischen Bauens«, d. h. der Vorstellung, daß sich jedes Konstrukt aus seiner inneren Nutzung heraus nach außen entwickeln müsse. Hauptanliegen des Architekten war, »dem gemeinsamen Erleben der Musik eine entsprechende Form zu geben«. Konsequent verlegte Scharoun die Bühne in das Zentrum des Saales, Sitzreihen umgeben sie wie eine Manege. Die Hülle dieses »Zirkus Karajani« bildet eine kühne, zeltartige Betonhaut, die äußerst einprägsam, aber alles andere als gefällig und städtebaulich vermittelnd ist. Auch die Wallfahrtskirche in Neviges bei Wuppertal wirkt organisch, felsartig, wie ein Findling in der Nähe des mittelalterlichen Dorfkerns. Trotz des nackten Betons, der freilich sensibel geglättet wurde, erscheint der Bau von **Gottfried Böhm** nicht abweisend, sondern reizvoll, rätselhaft, irrational.

Der Haupttrend der Architektur der 60er Jahre ging jedoch in eine andere Richtung: Immer mehr wurde Amerika zum Mekka deutscher Architekten. Dort hatte sich nach dem Zweiten Weltkrieg unter dem Einfluß der Immigranten **Ludwig Mies van der Rohe, Walter Gropius, Marcel Breuer** und des Architektenbüros **SOM** (Skidmore, Owings & Merrill) eine Schule herausgebildet, die an den Internationalen Stil und an die städtebaulichen Forderungen der CIAM (Congrès Internationaux d'Architecture Moderne) aus den 20er und 30er Jahren anknüpfte. Unter dem Schlagwort »Weniger ist mehr« war ihr Ziel die Ausbildung einer rationalen, funktionsorientierten Architektur, die frei von historischem Ballast sein sollte. Auf dem Umweg über Amerika kamen nun die progressiven Ideen der klassischen Moderne nach Deutschland zurück und fanden hier nach 1960 reichen Nährboden. Schlüsselwerk für die Rezeption dieser zu Unrecht als »Miessche Kiste« geschmähten Architektur ist das im Auftrag des Phoenix-Rheinrohr-Konzerns entstandene Thyssen-Hochhaus in Düsseldorf; es steht am Anfang einer langen Reihe von Wolkenkratzern im Nachkriegsdeutschland. Alles andere als ein Plagiat amerikanischer Vorbilder, gilt der Bau von **Helmut Hentrich** und **Hubert Petschnigg** als eine ästhetische wie technische Höchstleistung: Drei parallele, gegeneinander versetzte »Scheiben« sind über Stahlrohrskeletten hochgezogen. Ihr Äußeres ist einheitlich, aber nicht spannungslos mit Fensterbändern überzogen; die glatten Vorhangfassaden aus Glas- und Aluminiumsprossen changieren je nach Lichteinfall und schaffen eine Aura der Entrückung. Jeder Anklang an historische Stilformen – wie bei Mies van der Rohes klassischer Gliederung häufig noch spürbar – wurde vermieden. So markiert das 1960 fertiggestellte Thyssen-Hochhaus am Düsseldorfer Hofgarten den Anschluß der deutschen Architektur an die internationale Entwicklung.

Mies van der Rohe selbst errichtete 1962 bis 1968 in Berlin die Neue Nationalgalerie, Quintessenz seines Schaffens und vielleicht konsequenteste Reduktion der klassischen Architektur. Die Ausstellungshalle selbst ist ein nahezu schwerelos wirkender Glaskörper, begrenzt lediglich durch freistehende Stahlprofile, die eine flache, auskragende Dachplatte stützen. Der Bau wird reduziert auf den Raum selbst, auf die Funktion des Tragens und Lastens, jedes Dekor wäre störend. Die Qualität des Materials und die Harmonie der Proportionen geben der Berliner Nationalgalerie die Aura eines griechischen Tempels. Ästhetisch ist sie zweifelsohne eines der Hauptwerke der Architektur des 20. Jahrhunderts, funktional dagegen problematisch, wie die immer wiederkehrenden Schwierigkeiten bei der Gestaltung von Ausstellungen zeigen. So bleibt das wichtigste Exponat der Nationalgalerie der Bau selbst.

Während es Mies van der Rohe vergönnt war, einen um seiner selbst willen vollkommenen Bau zu schaffen, sah die Realität, vor allem im Städtebau, zumeist anders aus. Der Bedarf an Wohnungen, die Verfügbarkeit neuer Technologien und Materialien sowie – nicht zuletzt – ein ungebrochener Fortschrittsglaube konnten zwar die primären Bedürfnisse befriedigen, letztendlich aber nicht dem Wunsch nach mehr Lebensqualität entsprechen. Planerische Utopien, Spekulation und eine völlig verfehlte Stadtplanung ließen den Wohnungsbau der Nachkriegszeit zur Schreckensvision werden – bekanntestes Beispiel ist das Märkische Viertel in Berlin. Die progressiven Ansprüche der rationalistischen Architektur wurden verwässert, trivialisiert und so ins Gegenteil dessen verkehrt, was sie eigentlich sein wollten: ein Mittel, um das Leben in der Industriegesellschaft humaner zu gestalten.

Die Neue Nationalgalerie in Berlin *entstand in den Jahren 1965 bis 1968. Fast 80jährig erhielt ihr Architekt, Ludwig Mies van der Rohe, Gelegenheit, eine Art Quintessenz seines Schaffens zu ziehen. Der Wegbereiter der Moderne, der 1937 in die USA emigrierte, hatte zu Berlin stets ein besonderes Verhältnis. Als Stadt Schinkels und seines Klassizismus entwarf er für sie einen Bau, der als unbestrittener Höhepunkt der Nachkriegsarchitektur gilt. Die Nationalgalerie ist das konsequenteste Werk Mies van der Rohes und verkörpert in idealem Maße seine Forderung nach reiner Form. Die Abstraktion der Architektur ging so weit, daß ihre Funktion nebensächlich wurde: Die Sammlungsräume »verschwinden« im Keller.*

1

2

3

Die Nationalgalerie ist eine idealisierte Umsetzung des klassischen Tempels, der, einem genau berechneten Proportionssystem gehorchend, sich über einem Sockel erhebt. Stahlstützen vertreten die äußere Säulenstellung, die den verglasten Kubus – die Cella – umgibt (2 und 3). Das ausladende Dach schafft dazu das Gegengewicht.

4

Mies van der Rohe legte größte Sorgfalt auf die präzise Ausformung der Details und die künstlerische Ausdeutung selbst industriell vorgefertigter Teile. Auch darin stand die Antike Pate: Doppel-T-Träger erhielten klassische Proportionen, das Stahldach an seinem Rand einen abstrahierten Metopenfries, dazu an seiner Unterseite eine Kassettenstruktur (1 und 4). Das Überwältigendste an der Neuen Berliner Nationalgalerie sind jedoch die klaren, harmonischen Proportionen.

Die Berliner Philharmonie, *von Hans Scharoun 1960 bis 1963 errichtet, vertritt eine Strömung der Nachkriegsarchitektur, die Anregungen gab, aber letztendlich ohne Nachfolge blieb: Der provokant vielschichtige und scheinbar konzeptlose Bau stand in der Tradition des »organischen Bauens«, das weniger auf biologische Formen denn auf einen immanenten Entstehungsprozeß vertraute. Die Vielfalt kantiger Formen und scharfer Grate (4) addiert sich zu einem baulichen Solitär, der vom Volksmund bezeichnenderweise »Zirkus Karajani« getauft wurde (1). Dabei kontrastiert der flache, breitgelagerte Sockelbau, in dem die Versorgungseinrichtungen untergebracht sind, mit dem kühn aufragenden Zuschauerraum. Die goldschimmernde Verkleidung (2 und 3) konnte erst vor wenigen Jahren angebracht werden; vorher stand der Komplex – lediglich ocker gestrichen – in seiner nackten Betonhaut da. Die ganze Schönheit und Zweckmäßigkeit von Scharouns Architektur offenbart sich im Inneren (5): Die Trennung von Bühne und Zuschauersaal ist in einer »Musikmanege« aufgehoben; Terrassenstrukturen fügen sich zu einer aufregend neuen Raumkonzeption. An der Decke angebrachte »Segel« setzen nicht nur dekorative Akzente, sondern sorgen auch für hervorragende akustische Bedingungen.*

1

2

3

4

5

Die Wallfahrtskirche in Neviges
bei Wuppertal, ein Werk des Kölner Architekten Gottfried Böhm, ist einer der größten Kirchenbauten der Nachkriegszeit. In den Jahren 1963 bis 1968 errichtet, reagierte sie mit ihrer zentralisierenden Anlage auf Verordnungen des Zweiten Vatikanischen Konzils, das eine Abkehr vom längsgerichteten Sakralraum vorgeschlagen hatte. Böhms Gebirge aus feinbehandelten Betonflächen geht darüber hinaus: Er schuf eine »Glaubensburg« in expressionistischer Tradition.

1

2

3

Die Aufgabe, eine moderne Pilgerstätte inmitten eines gewachsenen Ortskerns zu errichten, wurde sensibel gelöst: Ein ansteigender, von Pilgerwohnungen flankierter Vorplatz läßt dem Ankommenden Zeit, sich auf die Begegnung mit dem Bau einzustellen; gleichzeitig schafft er Distanz zum historischen Umfeld (3). Die Kirche selbst wirkt wie ein gigantischer Kristall; bizarr, fremd, Ausdruck eines mystischen Glaubenserlebnisses (1). Auch im Inneren (4) setzt sich dieser Eindruck fort: Ein höhlenartiger, von Betongeschieben modellierter Raum wird durch farbige Fenster in übernatürliches Licht gesetzt (2); trotz der unverputzten Betonwände entsteht so ein Raum, der zur inneren Einkehr einlädt. Gottfried Böhms Werk ist – bei allen Anklängen an die expressionistische Architektur in der Zeit um den Ersten Weltkrieg – Vertreter einer Strömung, die man »Brutalismus« nennt. Jedoch überrascht die sensible Behandlung der Oberflächen, die dem Kirchenbau von Neviges skulpturale Qualitäten verleiht.

4

Die Dortmunder Oper *wurde 1966 nach achtjähriger Bauzeit fertiggestellt. Ihre Architekten, Heinrich Rosskotten, Edgar Tritthart und Josef Clemens, entwarfen einen kubischen Bühnenhausblock, der mit dem Foyer, einer kühnen dreipunktgelagerten Betonschalenkonstruktion, konstrastiert. Städtebauliche Voraussetzungen wie der Anspruch, Funktionen und deren oft widersprüchliche Mechanismen nicht zu verschleiern, sondern künstlerisch umzusetzen, führten zu einer für ihre Zeit typischen Lösung zwischen Nüchternheit und Utopie (1). Die unbegrenzten Möglichkeiten, die der Betonschalenbau zu versprechen schien, wurden voll ausgenutzt.*

1

2

Komplizierte Berechnungen waren nötig, um das Kuppelsegment mit einem Durchmesser von 62,36 Meter und einer Scheitelhöhe von 16,90 Meter statisch abzusichern (2). Seine Außenseite ist mit Isoliermaterial und Kupferblech verkleidet. Offenbar wurden in Dortmund bessere technische Voraussetzungen geschaffen als bei der Berliner Kongreßhalle, die 1980 nach nur 23jährigem Bestand wegen Rissen in den Spanndrähten einstürzte.

3

Transparenz ist eines der Leitmotive des Opernfoyers: Die Zwickel zwischen den drei Widerlagern des Schalendachs füllen Stahlglaswände, die sowohl den Einblick in das Treppenhaus als auch den Ausblick auf die Stadt gewähren (3). Kontinuität zwischen Innen und Außen spiegelt sich zudem in der Gestaltung des Vorplatzes wider: Der wabenartige Plattenbelag setzt sich bis in das Theatergebäude fort.

Die Severinsbrücke in Köln *wurde Vorbild für zahlreiche andere Brückenbauten im Nachkriegsdeutschland. Die 1959 fertiggestellte Konstruktion gehört zum Typ der »Schrägseilbrücken«, deren Gewicht mittels schräg gespannter Stahlseile an Pylonen aufgehängt ist. In Köln trägt ein einziger A-förmiger Pfeiler, der auf einem Betonblock fußt (2), die 8300 Tonnen schwere Brücke. Trotz dieser enormen Last erscheint sie elegant, elastisch, fast feingliedrig. Die etwa 30 Meter breite Fahrbahn wird von filigran wirkenden Seilpaaren gehalten, die strahlenförmig in der Spitze des Pylons zusammenlaufen (1). Die städtebauliche Situation (3) offenbart die ganze Schönheit dieses Ingenieurbaus: Ohne die Sicht auf die Domstadt zu versperren, setzt die Severinsbrücke einen modernen und ästhetisch reizvollen Kontrapunkt.*

1

2

3

Die Stalin-Allee in Berlin, *die zwischenzeitlich Karl-Marx-Allee und heute Frankfurter Allee heißt, ist Zeugnis der ersten Aufbauphase in der ehemaligen DDR. Ein Architektenteam um Hermann Henselmann verwirklichte 1952 bis 1958 ein gigantisches städtebauliches Projekt, das als Modell einer »sozialistischen Stadt« angesehen wurde. Im Gegensatz zur Architektur in Westdeutschland, wo an die klassische Moderne angeknüpft wurde, bevorzugte man in Ost-Berlin einen historisierenden Monumentalstil. Tradition suggerierend, diente er zur Demonstration staatlicher Macht. Im kostengünstigen Plattenbau lebten auf diese Weise barocke Gliederungsprinzipien (2) und antikische Dekorationsformen wieder auf (5).*

1

In 90 Meter Breite zieht sich die 1,7 Kilometer lange Achse vom Alexanderplatz nach Südosten. Ihre Knotenpunkte, der Straußberger Platz und das Frankfurter Tor, sind von Hochhäusern flankiert. Henselmanns Kuppelbauten am Frankfurter Tor (1) greifen Gontards klassizistische Türme am Gendarmenmarkt auf; die 13stöckigen Bauten am Straußberger Platz (3) stammen aus den 60er Jahren und zeigen bereits eine modernere Formensprache. Trotz der großsprecherischen Gestik aller Bauten gelang es, recht komfortable Wohnverhältnisse und ein funktionierendes soziales Umfeld zu schaffen (4).

2

Coca-Cola
Coke
BAYERISCHE VEREINSBANK
BAYERISCHE VEREINSBANK

3

4

5

Klassische Moderne

Weißenhofsiedlung Stuttgart / Hufeisensiedlung Berlin / Bauhaus Dessau / Faguswerke Alfeld / Kunstgewerbeschule Weimar / Turbinenhalle AEG Berlin

»Form follows function«, die Form folgt der Funktion. Mit diesem lapidaren Satz des amerikanischen Architekten **Louis Sullivan** wurde ein gewaltiger Umbruch in der Architektur ausgelöst. Für Sullivan und seine Kollegen der »Schule von Chicago« war die Konstruktion mehr als nur technische Notwendigkeit, die es mit traditionellen Stilelementen zu maskieren galt. Sie war vielmehr das Wesen des Baus und hatte sich daher in seinem Äußeren widerzuspiegeln. Schmuckformen wurden als überflüssig empfunden, da »die Gebäude in ihrer Nacktheit anmutig« seien.

Auslöser dieses Umdenkens waren einerseits das Unbehagen gegenüber den überlebten Formeln des Historismus, andererseits – auf einer rein praktischen Ebene – die Entwicklung neuer Techniken, die es erlaubten, in die Höhe zu bauen. Die Erfindung des brandsicheren Eisenskeletts, die Verbesserung der Fundamentierung, nicht zuletzt die Einführung des Fahrstuhls schufen eine neue Bauaufgabe: den Wolkenkratzer. Freilich mußte eine formale Lösung für die nun vertikal aufschießenden Bauwerke erst gefunden werden. Die frühen Hochhäuser bedienten sich klassischer Gliederungsstrukturen, die nur bedingt den veränderten Proportionen gerecht wurden.

Der Wiener Architekt **Adolf Loos** war der erste, der die in Amerika gegen Ende des 19. Jahrhunderts entwickelten Vorstellungen nach Europa trug. Seine Schrift »Ornament und Verbrechen« (1908) forderte rigoros den Verzicht auf jede Schmuckform. In einer Zeit, in der sich Jugendstil und verwandte Bewegungen großer Popularität erfreuten, fand sie jedoch – zunächst – wenig Resonanz.

Zum Wegbereiter einer neuen, sachlichen Formensprache wurden dagegen der 1907 gegründete Deutsche Werkbund und der bei der AEG beschäftigte Architekt und Designer **Peter Behrens**. Die Turbinenfabrik, die er im Auftrag des Elektrokonzerns in Berlin schuf, ist das Pionierwerk einer neuen, expressiven Monumentalarchitektur. Die 207 x 25,6 Meter messende große Halle wird von einer Stahl-Glas-Konstruktion getragen, die jedoch durch subtile Details »veredelt« wird: An den Längsseiten treten die Fensterflächen zwischen den Stützen von unten nach oben zurück, eine Bewegung, die sich an der Schauseite konkretisiert: Zwei massive, sich verjüngende Beton-Pylonen tragen einen mehrfach gebrochenen Giebel mit dem Firmensignet. Sie sind mit horizontalen Fugen aufgelokkert, die um die abgerundeten Ecken geführt werden. Die wuchtigen Pfosten sind jedoch reines »Kunststück«: Sie haben keinerlei statische Funktion. Letztendlich sind sie Teil einer Inszenierung von Industriearchitektur, die noch mit Mitteln des Historismus arbeitet: In den Pylonen werden Anklänge an ägyptische Tortürme spürbar, die Verfugung läßt an die Rustika des Palastbaus, der Giebel an Tempelarchitektur denken. Behrens gelang damit eine Synthese aus zweckorientierter Formgebung und symbolhafter Repräsentation. Sie trug der Fabrik den Namen »Kathedrale der Arbeit« ein.

Sein Schüler **Walter Gropius** ging bei den 1911 vollendeten Faguswerken in Alfeld an der Leine einen entscheidenden Schritt weiter und schuf einen wahrhaft revolutionären Bau. Der dreigeschossige Komplex zeigt unmißverständlich seine Konstruktion: Dem tragenden Skelett ist die Fassade aus Stahl und Glas völlig unverschleiert vorgehängt – der Einblick in die Konstruktion wird zum Gestaltungsmittel. Konsequent ist auf eine Verstärkung der Ecken verzichtet worden, die bis dahin zu den statischen wie ästhetischen Selbstverständlichkeiten jedes Baus zählte. Hier ragen nun freitragende Deckenplatten in die Ecken hinein, die Verglasung läuft ohne die geringste Akzentuierung über die Kanten hinweg.

Erst lange nach dem Ersten Weltkrieg konnte an die in Alfeld gefundenen Positionen angeknüpft werden. Gropius, der 1919 zum Direktor der Hochschule für Bildende Kunst und der Kunstgewerbeschule in Weimar berufen wurde, kam dabei die entscheidende Rolle zu. Unter seiner Leitung wurden beide Ausbildungsstätten zum »Bauhaus« vereinigt, eine Institution, die sich die Gestaltung von Industrieprodukten zur vorrangigen Aufgabe gesetzt hatte. Das unkonventionelle Zusammenleben der Künstler sowie die Konkurrenzsituation zum traditionellen Handwerk provozierten Konflikte, die 1926 zum Umzug nach Dessau führten. Gropius selbst entwarf den dortigen Neubau. Die älteren Weimarer Gebäude waren zwischen 1905 und 1911 nach Plänen des belgischen Architekten **Henry van de Velde** errichtet worden; sie stehen am Übergang vom Jugendstil zur Moderne.

Das Dessauer **Bauhaus** ist Manifest der Lehren des Walter Gropius: »ein aus dem heutigen geist entstandener bau wendet sich von der repräsentativen erscheinungsform der symmetriefassade ab. man muß rund um diesen bau herumgehen, um seine körperlichkeit und die funktion seiner glieder zu erfassen.« Konsequent trennte Gropius die Baukörper nach ihren Aufgaben und gab ihnen unterschiedliche Formen: Vollständig verglast ist der Werkstättenflügel, dessen kristalline Klarheit beispielgebend für die Baukunst der folgenden Jahrzehnte wurde. An ihn schließen sich U-förmig Verwaltungs- und Schultrakt an; der Verwaltungsbau überbrückt mit Pfeilern die Zufahrt, ihn gliedern Fensterbänder, die gleichfalls wegweisend für die Fassadengestaltung werden sollten. Rechtwinklig dazu entstanden Versorgungsräume und – wiederum um 90° versetzt – ein fünfstöckiges Wohnhaus für die Studierenden. Die Gebäude verhalten sich zueinander wie Schenkel unterschiedlicher geometrischer Systeme, die mit Hilfe von Angelpunkten verbunden sind; der Komplex gewinnt damit eine bisher kaum gekannte Freiheit und Dynamik. Neben dem Bauhaus entstanden drei Doppelwohnhäuser mit Ateliers für die »Meister« der Schule, auch sie wie aus einem Baukasten zusammengestellt, doch bei aller Sachlichkeit poetisch und elegant.

Dem Wohnungsbau, dem gehobenen wie dem für das sogenannte »Existenzminimum«, galt das besondere Augenmerk der Baukunst zwischen den Weltkriegen: Das Wachstum der Städte und die damit verbundene soziale Problematik wurden von vielen Architekten als Herausforderung für ein »Neues Bauen« empfunden, das im Dienste der Menschheit stehen und mit den Mitteln der industriellen Produktion der Gesellschaft dienen sollte. Architektur wurde als Träger einer weitgehenden soziokulturellen Umgestaltung empfunden und hatte dementsprechend Vorbildfunktion zu erfüllen. Die 1928 gegründete Vereinigung **CIAM** (Congrès Internationaux d'Architecture Moderne, Internationale Kongresse moderner Architektur) sorgte für eine Internationalisierung dieses Prozesses. Einerseits gelang den CIAM die Popularisierung dieser »rationalistischen«, d. h. als vernünftig erachteten Architektur, andererseits schufen sie neue Utopien, die sich aber letztendlich als problematisch erweisen sollten. Le Corbusiers Versuche, Bauten nach einem Proportionsschema, dem »Modulor«, zu standardisieren, führten zur Vereinfachung und ungehemmter Reproduktion, die individuellen Vorstellungen das Dasein erschwerten. Die optimale Ausnutzung kleinster Flächen wurde zum Gestaltungsprinzip. Andererseits fand man im Villenbau neue Lösungen, die bis heute nichts an Aktualität verloren haben, etwa die Aufhebung der Trennung von Innen und Außen – ein Prinzip, das **Frank Lloyd Wright** in seinen »Prärie-Häusern« entwickelt hatte –, sowie das Verfließen der Räume ineinander und der Verzicht auf durchgehende Geschoßgliederung.

Vor allem im Siedlungsbau wurden neue Lösungen gefunden oder Ideen des 19. Jahrhunderts aufgegriffen und zeitgemäß umgesetzt. Eine »Gartenstadt« der späten 20er Jahre ist die Hufeisensiedlung in Berlin-Britz, die ihren Namen ihrer charakteristischen Grundform verdankt. Nach außen abgeschottet wie eine Festung, öffnet sich der Kernkomplex der über 400 Einfamilien-Reihenhäuser zu einer parkähnlichen Innenfläche. Strahlenförmig gehen weitere Zeilen und Grünstreifen von diesem Zentrum aus. Die einst vorhandenen, aber nicht erhaltenen sozialen Einrichtungen – Großküche, Wäscherei, Kindergarten, Läden – machten die Hufeisensiedlung des Architekten **Bruno Taut** zu einer »Stadt in der Stadt«.

Einer Ausstellung gleich kam die Weißenhofsiedlung am Killesberg in Stuttgart: Die »Mustersiedlung des neuen Bauens« sollte 1927 neue Ideen zum Thema »Die Wohnung für den Großstadtmenschen« zur Diskussion stellen. Nach Ablehnung eines Projekts von Paul Bonatz wurde dem Vorsitzenden des Deutschen Werkbundes, **Ludwig Mies van der Rohe,** 1925 die Leitung übertragen. Ihm gelang es, die Avantgarde der deutschen Baukunst zur Teilnahme zu bewegen: **Hans Scharoun, Ludwig Hilberseimer, Hans Poelzig,** Bruno und Max Taut, Walter Gropius. Sie fanden Ergänzung durch ausländische Kollegen, unter denen **Le Corbusier** und **Pieter Oud** die bekanntesten waren. In wenigen Monaten, zwischen März und September 1927, entstanden so Prototypen künftiger Wohnbebauung, die in der Öffentlichkeit kontrovers beurteilt wurden: Von den einen als zukunftsweisende Wohnform gepriesen, galten sie anderen als Verkörperung elitärer, mehr dem Villen- als dem Massenbau nutzender Vorstellungen. Trotz der Polemik wurde in der Weißenhofsiedlung die vor Jahrzehnten geprägte Devise »Die Form folgt der Funktion« auf breiter Ebene verwirklicht.

1932 erschien in New York ein wegweisendes Buch: »The Internationale Style, Architecture since 1922« von Henry-Russell Hitchcock und Philip Johnson. Es gab der kubischen, ornamentlosen und oft weiß gehaltenen Architektur der 20er und frühen 30er den Namen. In Deutschland fand ihre hoffnungsvolle Entwicklung ein jähes Ende: Mit der Machtergreifung der Nationalsozialisten 1933 wurde sie als »entartet« gebrandmarkt; ihre Vertreter, Walter Gropius, Ludwig Mies van der Rohe und **Erich Mendelsohn,** mußten emigrieren. Im Ausland setzten sie ihr progressives Schaffen fort, während das Dritte Reich einer neoklassizistischen Architektur den Vorzug gab. Paul Troost, Albert Speer und andere errichteten Monumentalbauten im Dienste faschistischer Repräsentation, die in ihrer Einförmigkeit und menschenverachtenden Dimensionierung zutiefst antiklassisch waren.

Die Weißenhofsiedlung in Stuttgart *entstand 1927 als »Mustersiedlung des neuen Bauens«. Nach anfänglichen Querelen wurde Ludwig Mies van der Rohe, dem Vorsitzenden des Deutschen Werkbundes, die Leitung des Projekts übertragen. Damit hatten sich fortschrittsorientierte Kräfte gegenüber der konservativen »Stuttgarter Schule« um Paul Bonatz durchgesetzt. Für die sechzig geplanten Wohnungen wurden avantgardistische Architekten aus ganz Europa verpflichtet: aus Deutschland unter anderem Hans Scharoun, Hans Poelzig, Bruno und Max Taut sowie Walter Gropius, aus Frankreich Le Corbusier und sein Vetter Pierre Jeanneret, aus den Niederlanden Pieter Oud und Mart Stam. Obwohl das soziale Konzept ihrer Projekte umstritten war, hinterließen die Teilnehmer ein Ensemble aufregend neuer Wohnbauten, die von der Bevölkerung mit Neugier aufgenommen wurden.*

1

Um Le Corbusiers dreigeschossigen Baublock (3) gruppieren sich unterschiedliche Siedlungselemente, Villen, Terrassenhäuser, Mehrfamilienhäuser, Flachdachbauten und Dachgärten, die den Wohnbau der folgenden Jahrzehnte entscheidend beeinflußten. Auch J. J. P. Ouds Arbeiterhäuser (1, 2 und 4) gehörten zu dem ambitionierten Projekt. Seine Reihenbauten, jeder für sich mit einem Garten versehen, zeichnen sich durch klare, blockhafte Strukturen aus, die vom Kontrast zwischen der weißen Mauer und den dunkel wirkenden Fensterbändern beherrscht werden.

2

3

4

Die Hufeisensiedlung in Berlin-Britz *ist Ergebnis intensiver Diskussionen um die menschenwürdige Gestaltung des Lebensraums. Bruno Tauts 1925 bis 1927 entstandene Anlage mit über 1000 Wohnungen, die sich auf Einfamilien-Reihenhäuser und die zentrale hufeisenförmige Blockbebauung verteilen, ist Spiegel seiner Idealvorstellungen. »Licht, Luft und Sonne« sollten jedem Bewohner garantiert werden, soziale Einrichtungen eine weitgehende Autarkie der Siedlung ermöglichen. Die Berliner Siedlung wurde eine der erfolgreichsten ihrer Art. Torbauten in klaren, kubischen Strukturen (4) flankieren den Zugang zu einer geschlossenen Grünanlage, um die herum sich die dreigeschossigen Blockbauten gruppieren (1 und 5). Es entsteht der Eindruck einer schützenden Burg, die ihre Bewohner nach außen abschirmt. Die Zeilen der Einfamilienhäuser werden ebenfalls durch reichlich Grün aufgelockert. Trotz rationeller Bauweise ist der Anspruch erkennbar, die Fassaden anspruchsvoll zu gestalten: Farbe und Struktur setzen ausgewogene Akzente (2 und 3).*

1

2

3

4

5

Das Bauhaus in Dessau, *1925/26 nach der erzwungenen Selbstauflösung der Institution am Gründungsort Weimar erbaut, wurde zum Inbegriff der Architektur der klassischen Moderne. Walter Gropius konnte in dem zum Leben und Arbeiten bestimmten Komplex seine Prinzipien verwirklichen. Er wandte sich gegen die künstliche Ordnung der Symmetrie und schuf einen Baukörper, dessen Glieder entsprechend ihrer Funktion unterschiedliche Erscheinungsformen erhielten. Die flexible, additive Anlage als Ganzes wurde ebenso wie die Gestaltung ihrer Einzelteile für Jahrzehnte vorbildlich. Den Werkstattflügel charakterisiert die dem Baukern vorgehängte Stahlglasfassade (1 und 2), nicht nur praktische Notwendigkeit für die Beleuchtung der Ateliers, sondern zugleich Ausdruck der Transparenz von Bau und Funktion. Plastisch durchgebildet ist dagegen der fünfstöckige Wohnbau mit seinen auskragenden Balkonen (3). Den Verwaltungsbau gliedern Fensterbänder, vielleicht das am meisten kopierte Gestaltungselement des Bauhauses. Bis heute aktuell sind auch die klaren, sachlichen Formen des Innenraums (4). Der 1945 ausgebrannte Bau wurde 1976 bis 1978 restauriert.*

1

2

3

4

Die Faguswerke in Alfeld an der Leine, *Produktions- und Verwaltungsbauten einer Schuhleistenfabrik, leiteten einen nahezu revolutionären Umbruch in der deutschen Architektur ein. Walter Gropius und sein Kollege Adolf Meyer erteilten allen historistischen Tendenzen, wie sie selbst noch in der AEG-Turbinenhalle in Berlin zutage traten, mit ihrem 1910/11 errichteten Bau eine Absage.*
Konsequent wie nie zuvor bestimmte die Konstruktion das Äußere des Baus (1). Die Grundlagen für die bis in die 70er Jahre gültige Architektur der klassischen Moderne wurden hier formuliert.

1

2

3

4

Als konstruktiv und ästhetisch bahnbrechend erwies sich die Ecklösung des Verwaltungsbaus (2 und 5): Ganz ohne eine optische oder statische Verstärkung sind die Stahlglasfronten um den Bau herumgeführt; die Wand wird zur Folie, die den ungehinderten Blick auf das Innere wie auf seine technische Beschaffenheit freigibt.

5

Konsequent ist jedes Detail des Baus durchgeformt: Von der schlichten, funktionalen Türklinke bis zum Treppenhaus des Verwaltungstraktes, das mit seinen edlen Linien und der strengen, auf Schwarz und Weiß beschränkten Farbgebung eher einer Villa denn einem Industriebau zu entstammen scheint (3, 4). Mit der Gliederung der Wand und dem angedeuteten Triglyphenfries sind hier klassizistische Motive verwandt, die häufiger in den Bauten der Moderne auftreten.

Die Kunstschule in Weimar. *Das Gebäude der ehemaligen Kunstschule und späteren Kunstgewerbehochschule, aus der das Bauhaus hervorging, wurde zwischen 1904 und 1911 von ihrem Direktor Henry van de Velde errichtet. Nachdem die Kluft zwischen Handwerk und industrieller Produktion im Laufe des 19. Jahrhunderts immer größer geworden war, sollten hier neue gestalterische Vorstellungen entwickelt werden. Der funktionalkonstruktionsbetonte Charakter der Kunstschule gab dabei den architektonischen Rahmen. An der Fassade ist ablesbar, wie die historistische Formensprache sich nach der Jahrhundertwende aufzulösen begann (1).*

1

2

Mögen die Pfeiler noch an antike Pilaster erinnern, so sind sie doch auf das statisch Notwendige reduziert; Basen und Kapitelle fehlen. Im Mitteltrakt des Gebäudes gehen die Stützen sogar eine Verbindung mit der Dachzone ein; in der geradezu demonstrativ auf den klassischen horizontalen Abschluß verzichtet wird. Die Fenster sind so groß wie möglich; ornamentale Rahmenmotive fehlen.

3

An der Kunstschule sind zwar keine jener floralen Ornamente zu erkennen, die für den Jugendstil typisch waren, doch lassen sich noch eine Reihe verwandter Motive registrieren, die zunächst in der klassischen Moderne fortlebten. Besonders charakteristisch ist das ovale Treppenhaus (2), mit dem die verschiedenen Etagen organisch miteinander verbunden werden, um so die Einheit zwischen den Künsten augenfällig zu machen. Die Zeichensäle (3) mit ihren Seit- und Oberlichtfenstern sind hingegen eher praktisch angelegt.

Die Turbinenhalle der AEG in Berlin, *die Peter Behrens im Auftrag des Konzerns 1909 vollendete, wurde zum Schlüsselwerk der modernen Industriearchitektur. Für den rein funktional bestimmten Bau entwarf Behrens eine zweckmäßige Konstruktion aus Stahlträgern, sogenannten Dreiecksbindern, die das tragende Gerüst der Halle bilden. Gleichwohl gestaltete er das Äußere, vor allem die Schaufassade, mit historisierenden Elementen, die der Fabrik den Beinamen »Kathedrale der Arbeit« einbrachten. Behrens' Turbinenhalle wurde – obwohl von Stilpuristen kritisiert – zum Inbegriff des »Neuen Bauens« in Deutschland.*

1

2

3

4

Die Hauptfront gleicht einem massiven Torbau mit bekrönendem Giebel (4). Die wuchtigen Pfosten, die trotz ihrer Rustika-Gliederung (2) aus Beton sind, haben keinerlei statische Funktion; sie erinnern mit ihrer sich verjüngenden Form an ägyptische Pylonen. Zu diesen historisierenden Elementen gesellt sich innovative Technik, die schonungslos zur Schau gestellt wird. Ob in den Fußpunkten des Stahlskeletts (3 und 5) oder in der Verglasung der Fassaden (1): Die Konstruktion wird als Wert empfunden, der nicht länger verborgen bleiben darf. Dennoch verraten winzige, aber wirkungsvolle Details die Inszenierung dieser »Ingenieurarchitektur«: Unmerklich treten die Seitenflächen des Baus nach oben zurück und sorgen für eine Dynamisierung des Umrisses; das Firmensignet ist bedeutungsvoll in Antiqua-Versalien gesetzt.

5

Jugendstil und Expressionismus

Chilehaus Hamburg / Farbwerke Hoechst Frankfurt / Einsteinturm Potsdam / Hohenhof Hagen / Mathildenhöhe Darmstadt / Zeche Zollern Dortmund

»Kunst ist Allgemeingut« lautete die Parole der Wiener Secession. »Wir wenden uns an euch alle, ohne Unterschied des Standes und des Vermögens. Wir kennen keine Unterscheidung zwischen ›hoher Kunst‹ und ›Kleinkunst‹, zwischen Kunst für die Reichen und Kunst für die Armen.« Mit diesen Worten trat die antiakademische Künstlerbewegung 1897 an die Öffentlichkeit. Sie formulierte, was seit mehreren Jahrzehnten in intellektuellen und kulturell engagierten Zirkeln zunehmend Unbehagen ausgelöst hatte: die Arroganz des akademischen Kunstbetriebs, die zu hohlem Pathos erstarrten Formen des Historismus und die befürchtete Verrohung des Geschmacks durch industrielle Massenproduktion.

Bereits Mitte des 19. Jahrhunderts hatte es in England Bestrebungen gegeben, der Banalität der »modernen Geschmacksindustrie« entgegenzutreten. Der Dichter, Maler und Kunsthandwerker **William Morris** und der Sozialphilosoph und Kunstkritiker **John Ruskin** hatten die Aufwertung des Handwerks und die Schaffung einer qualitätvollen »Alltagskunst« propagiert. Diese Forderungen enthielten kaum zu unterschätzenden sozialen Sprengstoff, sagten sie doch einem seit Jahrhunderten elitären Kunstverständnis den Kampf an.

Es sollte jedoch bis in das letzte Jahrzehnt des 19. Jahrhunderts dauern, bevor diese Ideen auf fruchtbaren Boden fielen. Um 1890 formierten sich in verschiedenen europäischen Ländern Künstlervereinigungen, die sich der Erziehung der Gesellschaft und der Ausbildung einer neuen, alle Bereiche des Lebens erfassenden Kultur verschrieben hatten. Bezeichnenderweise nutzten sie neue Wege, um ihre Ideen zu propagieren: In Deutschland waren es die Zeitschriften »Pan« und »Jugend«, die ab 1895 in Berlin bzw. 1896 in München erschienen, in Frankreich die Galerie »Maison de l'Art Nouveau«, die konsequent nur avantgardistische Kunst anbot. Beide Institutionen wurden bald zum Inbegriff des neuen Stils. In Barcelona hatte sich im Zuge der Weltausstellung von 1888 die Bewegung des »Modernisme« formiert, deren Ziel neben den obengenannten Idealen die Erneuerung eines nationalen Stils war. **Antoni Gaudí** und seine Zeitgenossen lieferten bahnbrechende technische und ästhetische Neuerungen, die bis in den Expressionismus des 20. Jahrhunderts fortwirkten.

Den genannten Gruppierungen und anderen vergleichbaren in England, Schottland und Belgien war bei aller regionalen Vielfalt eines gemeinsam: ihr »Hang zum Gesamtkunstwerk«. Dieser Titel einer Ausstellung beschreibt treffend die Verflechtung von Architektur, Malerei, Skulptur und Kunsthandwerk in der Kunst der Jahrhundertwende. Seit dem Ende des Barockzeitalters waren die Gattungen getrennte Wege gegangen, nun sollten sie im Dienste einer bürgerlichen Kultur gemeinsam neu belebt werden. Neben den traditionellen Kunstgegenständen wurden jetzt vom Türknauf bis zum Wasserhahn, vom Besteck bis zum Ohrring alle Objekte des täglichen Lebens dekorativ gestaltet. Freilich darf man nicht darüber hinwegsehen, daß auch diese Erzeugnisse nur einem begrenzten Kreis wohlhabender Auftraggeber zugänglich waren.

Der Jugendstil entwickelte seine eigene Formensprache: Nach der plakativen Wiederverwendung historisierender Stilelemente und der damit verbundenen Beschwörung der Vergangenheit trat nun das ornamentale Dekor in den Vordergrund. Es ist um seiner selbst oder um des verwandten Materials willen »schön« und häufig aller inhaltlicher Konnotationen entledigt. Der Weg zu einer Abstraktion der Form war damit vorbereitet. Es blieben dem Jugendstil in Deutschland allerdings nur etwa 20 Jahre zu seiner Entfaltung; um 1918 wurde er vom Expressionismus abgelöst.

Einige herausragende Beispiele seiner Architektur seien genannt: 1896 wurde in Berlin-Mitte mit dem Bau des Stadtgerichts begonnen, ein – wie bei dieser Bauaufgabe üblich – monumentaler, die Macht des Gesetzes auch äußerlich repräsentierender Koloß. Während seine Fassade noch stark dem neobarocken Stil anhängt, ist das Innere, vor allem das lichte Treppenhaus, von ganz anderer Gestalt. Fließende Linien, filigrane Formen, Pflanzenornamente schaffen eine fast schwerelose, heitere Atmosphäre. Trotz der großen Dimensionen und der bewußt offenen Verwendung von Werkstein und Eisen wirkt der Raum elegant und dekorativ. In München gestaltete **August Endell** wenig später die Fassade des Photoateliers Elvira: Ein raumgreifendes Ornament überzieht mit energischem Schwung die streng konturierte Wandfläche.

Ein Fürst verhalf dem Jugendstil zu seinem endgültigen Durchbruch in Deutschland: Großherzog Ernst Ludwig von Hessen rief 1899 sieben junge Künstler in Darmstadt zusammen, mit Hilfe derer er das darniederliegende Kunstgewerbe erneuern wollte. Auf der Mathildenhöhe östlich der Stadt gründete er eine »Künstlerkolonie«, deren Bauten zum Manifest des neuen Stils wurden. Mit der dort 1901 eröffneten Ausstellung »Ein Dokument deutscher Kunst« und mystisch verbrämten Veranstaltungen verfolgte die Gruppe das Ziel, aus der Mathildenhöhe eine »Akropolis«, ein Gesamtkunstwerk der Künste, zu machen.

Zu den Architekten und Kunsthandwerkern, die in Darmstadt wirkten, gehörten **Peter Behrens,** der zu einem der führenden deutschen Architekten des frühen 20. Jahrhunderts werden sollte, und **Joseph Maria Olbrich,** ein Schüler des Wiener Secessionisten **Otto Wagner.** Sie schufen eine Reihe von Jugendstilvillen samt Interieur, die als Vorbild für das allgemeine Bauen gedacht waren. Als Krone der Anlage dienten das Ernst-Ludwig-Haus, das als gemeinsames Atelier genutzt wurde, sowie der Hochzeitsturm, der anläßlich der Heirat des Fürsten 1905 errichtet wurde. In beiden Gebäuden werden die Grundzüge der propagierten Architektur deutlich: Backsteinbauten in einfachen, »organischen« Formen sind dekorativ mit Keramik, Kupferblech oder Mosaikeinlagen »veredelt«; die figurale Bauplastik verkörpert noch die romantisch-symbolistischen Ansprüche der Vereinigung, in der Verwendung von Fensterbändern deutet sich jedoch bereits die rationalistische Moderne an. Die Idee, einer Stadt wieder ein weithin sichtbares, monumentales Aushängeschild zu verschaffen, wurde unter dem Begriff »Stadtkrone« für die Baukunst des Expressionismus bedeutsam.

Schon wenige Jahre nach diesem Höhepunkt des deutschen Jugendstils bahnte sich ein erneuter Umbruch an: 1907 gründete eine Gruppe von Künstlern, Handwerkern und Industriellen in München den Deutschen Werkbund, eine Vereinigung, die sich eine bessere Formgebung von Gebrauchsgegenständen zum Ziel gesetzt hatte. Die Mitwirkung von Olbrich und Behrens zeigt, daß es durchaus eine Kontinuität zwischen den Idealen der Darmstädter Künstlerkolonie und der neuen Vereinigung gab; nur gelangten nun die letztendlich elitären Bestrebungen der ersteren zu einer der Massenproduktion und der Industriegesellschaft gerecht werdenden Basis. Gerade die Arbeiten Peter Behrens' im Auftrag der AEG – Werkhallen, Beleuchtungskörper, Firmenzeichen – bahnten der Moderne in ihren Formen wie in ihrer Funktionalität den Weg. Verstärkt wandten sich die Architekten nun der Ausgestaltung von Zweckbauten und der industriellen Umsetzung ihrer künstlerischen Vorstellungen zu. In Düsseldorf baute Olbrich 1906 das Warenhaus Tietz; es entstanden Fabrikbauten, Werkstätten, Wassertürme. Behrens schuf gar ein Krematorium in einem schematisierten, feierlich-nüchternen Stil. **Hans Poelzig** prägte den Begriff der »ungeschmückten Sachform« und führte die Nutzarchitektur zu einer eigenen Monumentalität. Neue technische Möglichkeiten erprobte **Max Berg** in der Jahrhunderthalle in Breslau, einer kühnen Kuppelkonstruktion über 32 Stahlbetonrippen.

Neben den in erster Linie funktional begriffenen Bauten von Peter Behrens und seinen Nachfolgern, die im Kapitel »Klassische Moderne« weiterverfolgt werden, zeichnete sich um 1914 ein eher visionärer Trend in der Architektur ab. Unter dem Eindruck der Wirren des Ersten Weltkrieges formierte sich um **Bruno Taut** die Künstlergruppe der »Gläsernen Kette«, deren Utopien auf die Errichtung einer »besseren Welt« gerichtet waren. In ihren Schriften und Projekten forderten sie eine neue, künstlerische Architektur und die Verwendung aus der Natur entlehnter Formen. Wenn auch nur wenige dieser Entwürfe ausgeführt wurden (wie der »Glaspavillon« auf der Werkbundausstellung 1914) oder überhaupt ausführbar waren, so bereiteten sie doch der »expressionistischen Architektur« den Weg. War die Loslösung von Sachzwängen und Zweckbestimmung einmal legitimiert, konnte eine neue, organische Formensprache entstehen, die sich mehr als raumbeherrschende Skulptur denn als technisches Konstrukt verstand.

Der Einsteinturm von **Erich Mendelsohn** in Potsdam ist das schönste und konsequenteste Monument dieser Phase: Der als astronomische Beobachtungsstation und Laboratorium bestimmte Turm ist alles andere als ein nüchterner Zweckbau: Wie von Bildhauerhand geformt ist der Beton des Sockelbaus hingegossen; der aus technischen Gründen noch in Backstein aufgeführte Turm – Behälter des Teleskops – wirkt wie ein futuristisches Monument. Ähnlich monolithisch wie ein vom Wasser ausgewaschener Fels präsentiert sich das Goetheanum in Dornach bei Basel, zweiter Bau der von Rudolf Steiner gegründeten anthroposophischen Gesellschaft.

Einer Tropfsteinhöhle mehr als einem Theater glich Hans Poelzigs 1918/19 errichtetes Großes Schauspielhaus in Berlin. 1200 Rabitzzapfen dekorierten stalaktitenartig den Kuppelraum und dienten zugleich als Schallverteiler. Ein weiteres Werk vergleichbarer Qualität stammt von **Fritz Höger:** das Chilehaus, der Kontorbau eines Salpeterfabrikanten in Hamburg. Gegenüber den runden, organischen Formen des Einsteinturms dominiert hier eine eckige, der Materialstruktur des gebrannten Backsteins entsprechende Formensprache. Städtebaulich ungemein wirksam ist die aggressiv gen Himmel ragende Ecke zur Pumpen- und Burchardstraße, die sich wie ein Schiffsrumpf in das Stadtbild Hamburgs schiebt. Eine ähnliche Konzeption hatte im Jahr zuvor Ludwig Mies van der Rohe für die Bebauung der Friedrichstraße in Berlin vorgeschlagen – jedoch aus Glas.

Das Chilehaus in Hamburg *wurde 1922 bis 1924 für den Salpeterfabrikanten Henry B. Sloman von dem bis dahin relativ unbekannten Hamburger Architekten Fritz Höger als Kontorhaus errichtet. Als Backsteinbau nahm es norddeutsche Traditionen auf, verband diese jedoch mit modernen Konstruktionstechniken wie dem Eisenbetonskelett. Die städtebauliche Wirksamkeit und grandiose Formgebung des Komplexes ließen Högers Werk zum Wahrzeichen der Hansestadt werden.*
Aggressiv wie ein Eisberg ragt die Kante des Baus in ihre Umgebung (1); ausgeglichen wirkt dagegen die breitgelagerte Hauptfront mit dem eleganten Schwung ihrer Fassaden (2 und 4). Von höchster Raffinesse ist die Anordnung der Ziegel: Aus der unterschiedlichen Vermauerung ergeben sich subtile Strukturen, die der Oberfläche einen besonderen Reiz verleihen (3).

1

2

3

4

Der Verwaltungsbau der Hoechst AG in Frankfurt *ist ein Werk des Architekten und Industriegestalters Peter Behrens. Mit dem 1919 bis 1925 errichteten Backsteinbau gelang ihm ein herausragendes Monument expressionistischer Architektur und einer der eindrucksvollsten Innenräume seiner Zeit. Dabei offenbart das Foyer einen Wandel im Stil des Architekten: Gegenüber früheren, eher nüchternen Bauten dominiert hier eine metaphorische Formensprache.*
Erinnerungen an den gotischen Sakralbau werden durch die starke Akzentuierung der Vertikalen sowie durch die Abstufung der Wände und Pfeiler erzielt (2 und 3).

Nahezu mystisch wirkt die Lichtführung: Durch kristallartige Oberlichter wird die steil aufragende Eingangshalle aus ihrem Dunkel befreit (1). Wie bei allen Bauten dieser Epoche wurde größter Wert auf präzise Verarbeitung und subtile Detailgestaltung gelegt.

1

2

3

4

5

Sorgfältig sind die Farbtöne des Backsteins aufeinander abgestimmt – vom Handlauf bis zum Fußboden ist jede Einzelheit dem Gesamtkonzept unterworfen (5). Bei aller Reverenz auf mittelalterliche Bautradition blieb Behrens jedoch Realist: Hinter der romantischen Ziegelfassade steckt eine Stahlkonstruktion, die erst die grandiose Raumgestaltung des Foyers ermöglichte. Sachlich gibt sich dagegen der Außenbau (4); er wurde zum Firmensignet.

Der Einsteinturm in Potsdam, *wichtigstes Zeugnis der expressionistischen Architektur in Deutschland, wurde 1920/21 erbaut. Er war als Observatorium für astrophysikalische Forschungen im Zusammenhang mit Albert Einsteins Relativitätstheorie gedacht. Zwar bestimmte die Funktion die allgemeine Konzeption des Baus – vor allem den Turm zur Aufnahme technischer Geräte –, doch entstand alles andere als ein »funktioneller« Bau: Erich Mendelsohns Architektur steht wie eine monumentale Skulptur im Raum, Ergebnis eines bildnerischen Prozesses (2). Eigentlich sollte der Bau ganz in dem frei formbaren Material Beton errichtet werden; Engpässe nach dem Ersten Weltkrieg zwangen Mendelsohn jedoch zum Ziegelmauerwerk, das mit einer Betonhaut nur überzogen wurde. Dennoch konnten seine Vorstellungen von einer »organischen« Architektur umgesetzt werden: Fließende Formen bestimmen den Umriß, der Turm wächst wie ein Schößling aus seinem Unterbau hervor (1). Trotz aller Innovation sind die Jugendstil-Wurzeln deutlich spürbar.*

1

2

Der Hohenhof in Hagen, *ab 1906 von Henry van de Velde erbaut, war das erste Haus der geplanten Gartenstadt Hohenhagen, deren Anlage auf die Initiative des kunstsinnigen Industriellen Karl Ernst Osthaus zurückging. Das Gebäude diente dem Mäzen, der dem Städtebau seiner Zeit neue Impulse verleihen wollte, als Wohnhaus. Von dem ambitionierten Projekt konnten jedoch nur die wenigsten Bauten ausgeführt werden. Henry van de Velde suchte beim Hohenhof eine Verbindung zwischen Architektur und Landschaft. So paßt sich der Bau dem hügeligen Gelände an (2 und 3), indem eine Vielzahl von Treppen und Terrassen in das Sockelgeschoß integriert ist.*

1

Das Baumaterial verändert sich von unten nach oben: Auf einen dunklen Sockel folgen die grob gequaderten, hellgrauen Wände, dann das tief heruntergezogene, reich gegliederte Dach, das mit dem für die Region typischen Schiefer verkleidet ist. Bei der Gestaltung der Details hat sich der Architekt um größtmögliche Formenvielfalt innerhalb eines homogenen Erscheinungsbildes bemüht. Dies läßt sich am malerischen Eingang ebenso ablesen wie am Geländer der Wendeltreppe (5), den Fenstergittern (4) oder der organisch geschwungenen Verschieferung des Mansarddaches (1). Selbst die Innenausstattung wurde bis ins kleinste Detail von van de Velde entworfen.

2

3

4

5

Die Mathildenhöhe in Darmstadt. *1899 hatte Großherzog Ernst Ludwig von Hessen sieben Künstler, darunter den Österreicher Joseph Maria Olbrich und den jungen Peter Behrens, auf die Mathildenhöhe in Darmstadt eingeladen. In einer Lebens- und Arbeitsgemeinschaft sollten sie neue ästhetische Maßstäbe für die Gesellschaft des 20. Jahrhunderts erarbeiten. Die Ausstellung »Ein Dokument deutscher Kunst« präsentierte 1901 die Ergebnisse.*

Die Bauten auf der Mathildenhöhe gehören zu den Hauptwerken des Jugendstils in Deutschland. Ihnen gemeinsam ist die Integration aller Künste, die Bevorzugung ornamentalen Dekors und die Qualität der handwerklichen Bearbeitung (3 und 4). Als Ateliergebäude und Zentrum der Kolonie diente das Ernst-Ludwig-Haus (2), wie der 1907 begonnene »Hochzeitsturm« (1), ein Werk Olbrichs. Die nahegelegenen Künstlervillen wurden bis ins kleinste Detail durchgestaltet.

1

2

3

4

Die Zeche Zollern in Dortmund-Bövinghausen. *Zwischen 1898 und 1904 wurde von der Gelsenkirchener Bergwerks-AG die Schachtanlage Zollern II/IV mit ihrer für damalige Zeit hochmodernen Maschinenhalle erbaut. Nach der Stillegung der Zeche geriet dieses bedeutende Zeugnis der Industriearchitektur der Jahrhundertwende in Vergessenheit und wurde erst zu Beginn der 80er Jahre restauriert. Heute beherbergt sie das Westfälische Industriemuseum. Die große Halle, in der die ursprüngliche maschinelle Ausstattung bewahrt ist, wird von Stahlfachwerk überspannt (1). Trotz der nüchternen, funktionsbetonten Bautechnik (3) wurde auf die Ausarbeitung der Details höchste Sorgfalt gelegt: Die Streben sind in historistischen Formen gehalten (5), Armaturen und Mobiliar bereits in Formen des Jugendstils (6). Höhepunkt ist das Portal mit seinem eleganten Schwung und den bunten Glasfenstern, deren Motive eine beinahe idyllische Atmosphäre verbreiten (2 und 4).*

1

2

3

4

5

6

Historisme

Völkerschlachtdenkmal Leipzig / Rathaus Hamburg / Reichstag Berlin / Schloß Neuschwanstein / Schloß Schwerin / Semperoper Dresden

Zwischen Klassizismus und Jugendstil, also etwa von 1820 bis zur Jahrhundertwende, liegt das Zeitalter des Historismus, der Nachahmung von Stilrichtungen vergangener Epochen. Während die klassische Kunst bereits mehrfach »wiederbelebt« wurde (eigentlich müßte man statt von einer von verschiedenen »Renaissancen« sprechen), wurden seit dem späteren 18. Jahrhundert auch andere Epochen Gegenstand der Betrachtung und Quelle der Inspiration. Das wachsende Geschichtsbewußtsein und der Beginn bauarchäologischer Forschungen lenkten den Blick nicht nur auf die Antike, sondern zunehmend auch auf das Mittelalter. Goethes Bewunderung des Straßburger Münsters, 1773 in der Schrift »Von deutscher Baukunst« formuliert, begründete die romantische Vorstellung von der Gotik als reinem, religiösem deutschem Stil. Schon zuvor waren allerdings in England, aber auch in Deutschland »gotische« Architekturen im Rahmen von Landschaftsgärten errichtet worden. Sie wurden zwar mehr »empfunden« als historisch rekonstruiert, bahnten aber dennoch einem tiefergehenden Verständnis des Mittelalters den Weg. Nach und nach rückten dann auch andere Stilformen ins Bewußtsein, neben Antike und Gotik die Renaissance, die Romanik, die Kunst des frühen Christentums und aus Byzanz, schließlich auch der Barock, dessen Rezeption von der Gründerzeit bis in unser Jahrhundert fortdauerte.

Während zu Beginn des 19. Jahrhunderts die Formen verschiedener Stilphasen nebeneinander, aber meist unvermischt verwandt wurden – Karl Friedrich Schinkel legte alternativ Kirchenentwürfe in antikischen oder gotischen Formen vor –, wird der Umgang mit den Vorbildern im Lauf der Jahrzehnte immer freier. Einerseits entstanden – wie in der Münchener Feldherrenhalle – reine Repliken, andererseits wurden Motive unterschiedlicher Herkunft beliebig kombiniert, eine verbreitete Methode, die unter dem Begriff Eklektizismus bekannt und später auch kritisiert wurde.

Die scheinbar wahllose Verfügbarkeit historischer Formen führte zu einem Dilemma: Es gab keine verbindliche Stilrichtung mehr, erst recht keine der Gegenwart angemessene Sprache. Bereits 1828 hatte der badische Regierungsbaumeister **Heinrich Hübsch** mit seiner Schrift »In welchem Stile sollen wir bauen?« die Diskussion um dieses Thema eröffnet, zugleich aber auch eine tiefe Unsicherheit formuliert. Waren die klassische Architektur und die Gotik noch mit festverankerten ideellen Werten verbunden – Humanismus beziehungsweise Religion –, so kennzeichnet die Vielfalt der Vorbilder auch eine neue Beliebigkeit der Orientierungsmöglichkeiten. Gemeinsam ist diesen allen jedoch der Rückgriff auf die Tradition, Mittel der Selbstbehauptung einer im Umbruch befindlichen, um Identität bemühten Gesellschaft. Die Suche nach einer »nationalen« Architektur führte demzufolge in den Ländern Europas zu unterschiedlichen Lösungen: Während der Klassizismus als »international« angesehen wurde, galten die deutsche Backsteingotik, der englische Tudorstil, die französische Renaissance als historisch legitimierte, eigenständige Leistungen, die es wiederzubeleben galt. Dennoch beanspruchten diese Vorbilder keine allgemeine Verbindlichkeit; das Spiel mit fremden, auch exotischen Formen war erlaubt. Das Nebeneinander der Stilformen hatte jedoch auch einen pragmatischen Hintergrund: **Eugène Emmanuel Viollet-Le-Duc**, der wegweisende französische Architekt und Restaurator, propagierte in der Einleitung seines »Dictionnaire raisonné« die Verwendung einmal gefundener, bewährter Lösungen, die den modernen Erfordernissen anzupassen seien: So hatte das Mittelalter im Kirchenbau, die Renaissance für den Palastbau, das Barockzeitalter für das Theater Vorbilder geschaffen, die zweckmäßig und im wesentlichen endgültig erschienen. Die Geschichte habe »eine Sprache, die man lernen soll, um aus ihr für die Formulierung seiner Gedanken Nutzen zu ziehen . . .« Viollet-Le-Duc, aber auch sein Zeitgenosse **John Ruskin** verstanden die Vorbildlichkeit historischer Stile nicht nur formal, sondern auch technisch; ihre Auseinandersetzung mit mittelalterlichen Konstruktionsformen bahnte einer neuen Bauästhetik den Weg.

Eine Herausforderung stellte die Entstehung neuer Bauaufgaben dar: Fabriken, Verwaltungs- und Verkehrsbauten, Ausstellungshallen, Schulen, Galerien und Kaufhäuser – für sie mußten adäquate Modelle gefunden werden, die noch dazu schnell und kostengünstig realisierbar sein sollten. Die Entwicklung neuer Techniken und Materialien war daher eines der vorrangigen Anliegen. Daraus entstand neben der zwischen Nostalgie und Neuerung pendelnden Stilarchitektur eine zukunftweisende Alternative: Mit der industriellen Produktion von Eisen begann der Aufstieg der sogenannten Ingenieursbaukunst, die das 19. Jahrhundert stärker geprägt hat, als es ihm selbst bewußt geworden zu sein scheint. Obwohl sich die gußeisernen Konstruktionen von Brücken, Fabrikbauten und Ausstellungshallen gleichfalls historistischer Formen bedienten, erzwang ihr Aufbau eine neue Ästhetik, die wegweisend für die Baukunst des 20. Jahrhunderts wurde: Mit Hilfe des Eisenskeletts und der Verkleidung aus Glas konnten völlig neue, vor allem kompliziertere Bauformen erprobt werden; die Raumgrenzen wurden transparent, die Konstruktionen sichtbar und damit auch um ihrer selbst willen interessant.

Ganz langsam, letztendlich bis in die Moderne hinein, verlagerte sich der Schwerpunkt der Gestaltung von der Wand auf das tragende Gerüst. Die Entwicklung des Stahlbetons durch François Hennebique schuf gegen Ende des Jahrhunderts die Voraussetzungen für das neue Bauen. Entscheidend für den langfristigen Erfolg der modernen Techniken war jedoch deren industrielle Fertigung und die serielle Reproduzierbarkeit. Über den ästhetischen Wert der neuen Strukturen blieb man sich allerdings uneins.

Während die innovativen Schritte zur Entwicklung der »Ingenieursarchitektur« in Frankreich und England getan wurden, entstanden in Deutschland in erster Linie Werke historistischer Natur. Sie spiegeln den Geschmack und die politischen Intentionen ihrer Auftraggeber und der ausführenden Künstler wider. Die Zeichnungen der Marienburg in Ostpreußen von **Friedrich Gilly** sowie neugotischen Projekte für ein Grabmal der preußischen Königin Luise, das Kreuzbergdenkmal und die Friedrich-Werdersche Kirche von **Karl Friedrich Schinkel** verhalfen dem mittelalterlichen Baustil zum Durchbruch. In Schinkels Spätwerk um 1830 verstärkten sich wieder klassizistische Tendenzen und Anlehnungen an romanische und frühchristliche Bauten Oberitaliens, die in sehr malerischer Weise verarbeitet wurden. Schinkels Schüler **Ludwig Persius** entwickelte daraus den sogenannten Rundbogenstil. **Leo von Klenze** und **Friedrich von Gärtner**, die beiden einflußreichen Architekten am Hofe Ludwigs I. in München, schufen im Auftrag des bayerischen Königs zwischen 1829 und 1850 ein ganzes Ensemble historistischer Bauten: Ludwigskirche, Staatsbibliothek, Universität, Feldherrenhalle und das Siegestor an der Ludwigstraße, alles mehr oder weniger getreue Kopien italienischer Vorbilder aus der Zeit zwischen Antike und Quattrocento.

Ludwigs Nachfolger Maximilian II. Joseph und Ludwig II. ließen in ihren Burgen Hohenschwangau (ab 1833) und Neuschwanstein (begonnen 1869) romantische Erinnerungen an das Mittelalter wieder aufleben. Die märchenhafte Lage der Bauten zwischen Seen und Bergen, die kulissenhafte Gestaltung der Architektur – und nicht zuletzt – das der Opernwelt entnommene Bildprogramm in den Innenräumen illustrieren das Denken und Fühlen der späten Wittelsbacher. Nicht ein wissenschaftliches oder historisch-politisches Interesse an den Baustilen der Vergangenheit, sondern eine von persönlichen Empfindungen geprägte Flucht in die Vergangenheit waren die Motive für den Bau der bayerischen Märchenschlösser.

Der Weiterbau des Kölner Doms war hingegen ein politisches Manifest. Bereits 1814 hatte **Joseph von Görres** im »Rheinischen Merkur« die Vollendung des seit 1560 stagnierenden Bauwerks gefordert: »In seiner trümmerhaften Unvollendung, in seiner Verlassenheit ist es ein Bild gewesen von Teutschland seit der Sprach- und Gedanken-Verwirrung; so werde es denn auch ein Symbol des neuen Reiches, das wir bauen wollen.« 1842 erfolgte die Grundsteinlegung für den Weiterbau, 1880 wurde der »gotische« Dom vollendet.

1844 wurde mit dem Ausbau des Schweriner Schlosses sehr früh die französische Renaissance rezipiert. In Berlin errichtete **Friedrich Hitzig** nach dem Vorbild der Ostfassade des Louvre die Börse, einen »Tempel des Geldes«, der mit Schlüters Stadtschloß konkurrierte. Hochrenaissance und Barock traten endgültig mit dem ersten und zweiten Opernhaus von **Gottfried Semper** in Dresden (1837–1841 bzw. 1871–1878) in das Potpourri der Stile ein. Semper kam jedoch eine Ausnahmestellung unter den Architekten des Historismus zu: Für ihn war der Stil eines Bauwerks nicht allein ideell oder ästhetisch bedingt; er sah als einer der ersten den Zusammenhang zwischen Funktion und Gestalt eines Baus, ein Prinzip, das Gedanken der Moderne vorwegnimmt.

Im späten 19. Jahrhundert setzte sich in Deutschland eine pathetisch-barocke Formensprache durch. Das Reichstagsgebäude von **Paul Wallot** und der Dom-Neubau von **Julius Raschdorff**, beide 1884 begonnen, illustrieren die laute, monumentale Gestik der Gründerzeit. Zur bevorzugten Stilform Wilhelms II. wurde allerdings die Neoromanik: Der Kaiser wollte mit der Rezeption salisch-staufischer Architektur die Erinnerung an das Heilige Römische Reich wiedererstehen lassen. Die Kaiser-Wilhelm-Gedächtniskirche, ebenfalls in Berlin, von **Franz Schwechten** ist typisch für die wilhelminische Ära. Aber nicht nur die Reichs- und Staatsarchitektur, auch die Kommunalbauten verfielen dem Streben nach Monumentalität und großer Gebärde: Kaum ein Rathaus, das nicht einem Schloß glich, kaum ein Verwaltungsbau, der nicht zum Palast wurde. Selbst der Wohnungsbau schmückte sich mit Zeichen elitärer Herkunft. So brachte der Historismus, trotz aller retrospektiven Grundhaltung, ein fortschrittlich-emanzipatorisches Element in die Architekturgeschichte ein.

Das Völkerschlachtdenkmal in Leipzig *wurde 1913 als letztes Nationalmonument nach den Entwürfen von Bruno Schmitz fertiggestellt (1). Es sollte in wilhelminischer Zeit an den 100. Jahrestag des Sieges gegen Napoleon erinnern. Über einem künstlichen Hügel erhebt sich die gewaltige, 91 Meter hohe Baumasse mit einer 60 Meter hohen Halle (2) in ihrem Innern. Riesige martialische Freifiguren und Reliefs sollten an die seinerzeit als typisch deutsch empfundenen Tugenden gemahnen. Trotz seiner pathetischen Gesamterscheinung ist das Denkmal ein wichtiges Beispiel für die Verbindung von Historismus und Jugendstil. Es ragt nicht mehr autonom über die umgebende Landschaft, sondern versucht, eine Verbindung mit ihr einzugehen. Die allegorischen Darstellungen (3 und 4) sind ornamental aufgefaßt und hochgradig stilisiert; auch bei ihnen verschwimmen die Grenzen zwischen den Figuren und dem in seiner Oberfläche bewußt naturähnlich belassenen Stein.*

1

2

3

4

Das Rathaus in Hamburg. *Nachdem drei Wettbewerbe ergebnislos verlaufen waren, wurde Martin Haller und sechs weiteren Architekten 1887 der Auftrag erteilt, in Gemeinschaftsarbeit das Rathaus der Hansestadt Hamburg zu errichten. Symptomatisch für die Spätphase des Historismus entstand ein Mischbau aus italienischen und deutschen Renaissanceformen. Ein hoher Turm akzentuiert die Mitte des breitgelagerten Komplexes, reich geschmückte Giebel betonen die Eckrisalite (3). Gewöhnlich wurde im deutschen Rathausbau des 19. Jahrhunderts das Vorbild des Amsterdamer Stadhuis aufgegriffen, einer Anlage um zwei Höfe mit zentralem Bürgersaal, die zum Inbegriff kommunalen Stolzes geworden war.*

1

2

3

4

Aus Platzgründen mußte man sich an der Alster auf einen Ehrenhof beschränken (1). Allegorien auf die »Freie Hansestadt Hamburg« schmücken das ausladende Gebälk über dem Hauptportal (4). Im Obergeschoß, über der säulengeschmückten Diele, liegt der große Festsaal im Stil der Neorenaissance (2).

Der Reichstag in Berlin, *Symbol der Größe des 1871 gegründeten deutschen Kaiserreiches, ist wie kaum ein zweiter Bau zum politischen Monument geworden. Nicht erst die jüngsten Projekte zu seiner Verhüllung und Neugestaltung wurden kontrovers diskutiert, schon seiner Ausführung durch Paul Wallot 1884–1894 gingen zahlreiche Planwechsel voraus, die von einem offenen, mit gläsernen Kuppeln transparent gestalteten Baukonzept hin zu einer schwerlastenden, neobarocken Monumentalarchitektur führten (1). Turmartige Eckrisalite geben der Vierflügelanlage einen wehrhaften Charakter. Ihre annähernd gleich gestalteten Fassaden erheben sich über einem Sockel grob behauener Rustikaquader (5); die Seitenmitten sind durch hohe Portiken akzentuiert. Ursprünglich belichtete eine flache Kuppel, eine für ihre Zeit kühne Eisen-Glas-Konstruktion, den Ratssaal. Kolossale korinthische Säulen und Pilaster verklammern die Geschosse (2 und 3). Der repräsentative Anspruch des Baus wird durch antikisierende Reliefs und Kartuschen noch zusätzlich betont (4).*

1

2

3

4

5

Schloß Neuschwanstein im Ostallgäu, *die neoromanische Burganlage König Ludwigs II., wurde 1868 bis 1892 von den Architekten Eduard Riedel, Georg Dollman und Julius Hofmann erbaut und nach Entwürfen des Theatermalers Christian Jank ausgestaltet. Bühnenbilder zu Richard Wagners Opern »Lohengrin« und »Tannhäuser« lieferten die Anregungen zu dem steil über der Pöllatschlucht gelegenen Traumschloß (2). Innerhalb des späten Historismus nimmt es eine Sonderstellung ein: Das mittelalterliche Ambiente des »Sängerkriegs auf der Wartburg« sollte mit dem Bau komplett wieder auferstehen.*

1

2

Der fünfgeschossige »Palas« (1) mit seinen oktogonalen Ecktürmchen überragt den oberen Schloßhof; an seinem westlichen Ende liegt der Thronsaal, ein byzantinisch wirkender Kuppelraum, der der Münchner Allerheiligenhofkirche nachempfunden ist. Der »Sängersaal« im vierten Obergeschoß ist tatsächlich nach dem Vorbild der Wartburg gestaltet. Die rechte Seite des Hofes nimmt das dreigeschossige »Ritterhaus« ein, ihm gegenüber erstreckt sich die lisenengegliederte »Kemenate«. Die Südfront wird von einem runden Treppenturm dominiert (3).

3

Ludwig II. erlebte nur die Fertigstellung des »Palas«. Bei seinem Tod 1886 waren das Ritterhaus und die Kemenate kaum über die Fundamente hinausgewachsen. Sie wurden im Laufe der nächsten Jahre fertiggestellt, jedoch ohne den plastischen Schmuck ihrer Fassaden.

Das Schweriner Schloß *ist ein charakteristisches Zeugnis romantisch-eklektizistischer Baugesinnung: Den erhaltenen Renaissancetrakten wie dem 1553 bis 1555 erbauten Ostflügel mit seinen Staffelgiebeln und der Terrakottadekoration (2) wurde nach 1843 ein Neubau angefügt, der malerisch die unterschiedlichsten Stilformen vereint. Georg Adolph Demmler, Hermann Willebrand und Friedrich August Stüler nahmen sich vor allem die Loireschlösser zum Vorbild (1); in Stülers zum Wasser gewandter Niklothalle mischen sich Motive der hellenistischen Spätantike, der Renaissance und des Rundbogenstils (3).*

Die Schloßkirche (4) mit ihren flachen Sterngewölben wurde 1560 von Johann Baptista Parr errichtet; der Chor ist dagegen ein neugotisches Werk des Kölners Ernst Friedrich Zwirner. 1974 wurde der Bau restauriert; er dient heute als Museum.

1

2

3

4

Die »Semperoper« in Dresden
wurde zwischen 1871 und 1879 errichtet. Nachdem ein Brand das ebenfalls von Gottfried Semper erbaute erste Hoftheater vernichtet hatte, übernahm der fast siebzigjährige Architekt auf den Druck der Bevölkerung hin den Neubau. Semper griff bei der Gestaltung des Baus auf unausgeführte Pläne für das Wagner-Festspielhaus in München zurück; von dort stammen der triumphtorartige Haupteingang (3) und die darüberliegenden Exedra (2). Eine Quadriga bekrönt den Bau (1). Der Zuschauerraum mit den umgebenden Foyers ist segmentbogenartig zwischen die Treppenhäuser gespannt. Renaissancemotive bestimmen die Dekoration (4 und 5). Das im Krieg zerstörte Opernhaus wurde 1979 bis 1985 wiederaufgebaut.

1

2

3

4

5

Klassizismus

Walhalla / Königsplatz München / Altes Museum Berlin / Schauspielhaus Berlin / Brandenburger Tor Berlin / Schloß Wörlitz

Die Baukunst der »Alten«, das heißt der römischen, vor allem aber der griechischen Antike, lieferte die Vorbilder für die Architektur des Klassizismus. Mit seinem Namen verbindet sich die Vorstellung von Monumentalität, Axialität und strengen, schmucklosen Formen, eben jene »edle Einfalt und stille Größe«, die der deutsche Altertumsforscher **Johann Joachim Winckelmann** zum Ideal erhoben hatte. Über die Stilkriterien hinaus galt der Klassizismus als Verkörperung einer vernünftigen – rationalen – Architektur, Spiegel einer auf Vernunft begründeten Gesellschaftsordnung.

Das späte 18. und das frühe 19. Jahrhundert waren eine Epoche des Umbruchs: Im Zeichen der Aufklärung begann man sich seiner gesellschaftlichen und historischen Stellung gewahr zu werden. Mit dem Erstarken des Bürgertums verlor die feudalistische Ordnung allmählich ihre Daseinsgrundlage. Die theatralische Inszenierung höfischen Lebensstils und die »Zügellosigkeit« barocker Kunst galten nun als unzeitgemäß und künstlerisch verfehlt.

Die Rückbesinnung auf die Architektur der Antike kam nicht von ungefähr: In England war mit dem Neopalladianismus, einer Stilrichtung, die sich an Bauten und Schriften des Vicentiners Andrea Palladio orientierte, die klassische Baukunst während des ganzen Barockzeitalters lebendig geblieben. Dazu kamen die Grabungen in Herculaneum (1711), Pompeji (1748) und die Forschungsreisen vor allem englischer Gelehrter, die erstmalig auch die bislang unbekannten Monumente Griechenlands der Öffentlichkeit vorstellten. Die Ruinen des alten Roms inspirierten den Kupferstecher Giovanni Battista Piranesi zu Veduten und Rekonstruktionen, die große Verbreitung erfuhren. In Frankreich wurden die neugewonnenen, alten Stilvorstellungen theoretisch untermauert: Ein Jesuit, Marc-Antoine Laugier, forderte die Rückkehr zu einer »ursprünglichen« Architektur; parallel dazu erkannte der Philosoph Jean-Jacques Rousseau die Naturgebundenheit des Menschen, zugleich aber auch dessen Willensfreiheit. Antike Formensprache, nach der theatralischen Kunst des Barock als klar und einfach empfunden, wurde zum Symbol einer bürgerlichen, auf den Prinzipien des Humanismus begründeten Gesellschaft. Allerdings fehlten dem sich herausbildenden Bürgertum die finanziellen Mittel für eigene Projekte – Auftraggeber blieben nach wie vor die Fürsten.

In Deutschland hielt der neue Stil um die Mitte des 18. Jahrhunderts Einzug. Zu Zentren des Frühklassizismus wurden Sachsen, wo Winckelmann und Adam Friedrich Oeser einen Kreis kunstsinniger Gelehrter um sich versammelt hatten, Rheinsberg und Berlin, wo **Georg Wenzeslaus von Knobelsdorff** und sein Gönner, König Friedrich II., der preußischen Residenz ein modernes, »aufgeklärtes« Erscheinungsbild zu geben beabsichtigten. Dort entstand mit der Alten Oper einer der ersten freistehenden, vom Schloß architektonisch unabhängigen Theaterbauten. Sein monumentaler Portikus verweist auf das römische Pantheon. Das Forum Fridericianum – schon sein Name ist Reminiszenz an die Antike und Programm zugleich – wurde mit Bibliothek, Akademie und Universität Mittelpunkt der Wissenschaft und Künste.

Während im Preußen Friedrichs II. die Ablösung vom Rokoko jedoch nur langsam voranschritt, entstand fernab Berlins der wichtigste und qualitätvollste Bau dieser Frühphase des Klassizismus: In Wörlitz bei Dessau ließ sich Fürst Leopold Friedrich Franz von Anhalt-Dessau seine Sommerresidenz erbauen. In dem weitgereisten **Friedrich Wilhelm von Erdmannsdorff** hatte jener den Architekten gefunden, der seine humanistischen Ideale in Architektur umsetzen konnte: Das Schloß sollte Absage an jedes Imponiergehabe und herrschaftliche Repräsentanz sein. Erdmannsdorff schuf eine blockartige Vierflügelanlage um einen inneren Säulenhof; einziges Gliederungselement der Hausfassade ist ein Portikus mit monumentalen korinthischen Säulen; einziger Schmuck der Vorderfront sind die antikischen Fensterverdachungen und ein Pfeifenfries unter dem Kranzgesims. Der Bau lebt von seinen edlen Proportionen und der klaren Strenge seines symmetrischen Aufbaus. Palladios Villen, die Erdmannsdorff in Italien besucht oder anhand der zahlreichen kursierenden Stichwerke studiert hatte, standen bei der Gestaltung Pate.

Ein zweites Moment wird in Wörlitz wegweisend: die Verbindung von Kultur- und Naturerfahrung. Der Fürst hatte einen »Landschaftsgarten« anlegen lassen, in den Grotten, Ruinen, Tempelchen und Skulpturen eingestreut sind. Nicht mehr die geregelte Ordnung des Barockgartens, sondern das malerische, intime und scheinbar natürliche Arrangement bestimmt die Konzeption. Damit sind zwei gegensätzliche Elemente vereint, die den Klassizismus charakterisieren: die klare, »rationale« Strenge der antiken Architektur und eine melancholisch-sentimentale Stimmung im Angesicht der Landschaft – Motive, die bereits im frühen 18. Jahrhundert mit dem »englischen Garten« auf der Britischen Insel entwickelt worden waren.

Andere Regionen standen unter dem Einfluß Frankreichs: Der »Dom« zu St. Blasien wurde zum Schlüsselwerk des Klassizismus in Südwestdeutschland. Zwei französische Architekten, **Pierre Michel d'Ixnard** und **Nicolas de Pigage,** entwarfen den massigen Bau, der ganz von seiner überdimensionalen Kuppel beherrscht wird. Gedrungene Ecktürme und eine Vorhalle im dorischen Stil lassen den Bau schwer und gravitätisch erscheinen; im Inneren erstrahlt die als Mausoleum geplante Rotunde in feierlicher Helle.

Nach der Französischen Revolution wurde der Klassizismus in ganz Europa verbindlich. Es entstanden Normen, die den Charakter der Bauaufgaben versinnbildlichen sollten: So galt die dorische Ordnung als kraftvoll männlich, besonders geeignet für heroische Monumente; ionische und korinthische Säulen wurden hingegen dem kulturellen Bereich zugeordnet. Die spielerische Leichtigkeit der frühen Werke wich von nun an einem moralisch-pädagogischen Anspruch. Überhaupt gewann der Bau von Kultureinrichtungen an Bedeutung: Selbst kleinere Residenzen wie Kassel oder Wolfenbüttel leisteten sich den Luxus eines frei zugänglichen Museums, einer öffentlichen Bibliothek oder einer Bühne.

Auch der Städtebau reagierte auf die veränderte gesellschaftliche Situation und begann, sich mit der Planung von Wohn- und Industriegebieten zu beschäftigen. Dennoch blieb deren Ausführung noch an die Residenzen gebunden – wie in Karlsruhe, für dessen Erweiterung **Friedrich Weinbrenner** 1797 einen detaillierten Entwurf vorlegte. Er integrierte die neu zu errichtenden Viertel in ein radiales Rasterschema, in dessen Zentrum, fast wie die Spinne im Netz, immer noch das Schloß lag. Wegweisend wurde die Neugestaltung Münchens unter Max IV. Joseph und dem Kronprinzen Ludwig: Der Abriß der Befestigungsanlagen ermöglichte eine großzügige Stadtplanung, **Karl von Fischer** und **Ludwig von Skell** schufen den Englischen Garten, öffentliche Plätze und repräsentative Palais, die der bayerischen Residenz antikisch-mediterranen Glanz verliehen. Um 1809 begannen die Planungen für die Glyptothek, den Königsplatz und die Walhalla bei Donaustauf. Letztere sollte das »Pantheon« der Deutschen werden. Von verschiedenen Entwürfen gelangte schließlich der des Baumeisters **Leo von Klenze** zur Ausführung: Malerisch auf einer Anhöhe gelegen und über eine Freitreppe zu erreichen, gestaltete er die Walhalla äußerlich als eine Kopie des Athener Parthenontempels. Immer mehr vermischten sich nun mit der Sehnsucht nach der Antike Motive nationaler Selbstfindung: Der romantische Klassizismus löste die archäologisch und gesellschaftspolitisch orientierten Strömungen ab.

Den wichtigsten Beitrag zur Haupt- und Spätphase des Klassizismus in Deutschland leistete Berlin: Mit dem Brandenburger Tor von **Carl Gotthard Langhans** begann in der letzten Dekade des 18. Jahrhunderts die architektonische Blütezeit der Residenz. Als Abschluß der Prachtstraße »Unter den Linden« hatte es programmatischen Charakter: Mit seinem den Propyläen der Akropolis nachempfundenen Äußeren weckte es das Andenken an die griechische Polis; sein Bildprogramm verherrlichte Friedrich II. als Gründer der preußischen Großmacht. Langhans ging recht frei mit dem antiken Vorbild um: Der zentrale Körper mit sechs wuchtigen Pfeilern, denen dorisch-toskanische Säulen vorgeblendet sind, hat das Volumen eines Triumphbogens. Die Wachthäuser rechts und links davon ähneln Tempelchen, die wuchtige Attika des Tores trägt die Quadriga von **Gottfried Schadow.** Der ausschließlich von Horizontalen und Vertikalen beherrschte gravitätische Bau signalisiert Macht und Stärke seines Auftraggebers.

Langhans-Schüler **Heinrich Gentz** und der früh verstorbene **David Gilly** rückten in ihren Werken noch stärker von der archäologisch genauen Nachahmung der Antike ab. Gilly reduzierte seine Bauten auf einfache, stereometrische Grundformen wie Kugel, Quader und Pyramide. Er stand darin den Vertretern der »Revolutionsarchitektur« in Frankreich nahe.

Die größte Persönlichkeit des deutschen Klassizismus war jedoch **Karl Friedrich Schinkel.** Reisen nach Italien, Paris und später England, das Studium der antiken, aber auch der mittelalterlichen Kunst waren die Grundlage für seine Karriere im Dienste des preußischen Hofes. Nach Anfängen als Maler leitete er ab 1810 alle wichtigen Bauunternehmungen, darunter die Neue Wache, das Schauspielhaus und das Alte Museum in Berlin. Die meisten seiner Werke sind vom romantischen Klassizismus geprägt, wenige Bauten entstanden in mittelalterlichen Stilformen – ein damals revolutionärer Schritt, der allerdings nicht die Zustimmung des konservativen preußischen Kronprinzen fand.

Das Alte Museum ist Schinkels reifste Leistung: Völlig frei variierte er historische Bautypen, die Kolonnade, die Rotunde, die doppelläufige Monumentaltreppe. Daraus entstand ein innovativer, funktionaler und städtebaulich wirksamer Zweckbau von hohem ästhetischem Reiz. Schinkels Experimente mit neuen Stil- aber auch mit neuen Konstruktionsformen wie Eisenguß und Backsteinbau, wirkten wegweisend auf die Architektur des späteren 19. Jahrhunderts und eröffneten zugleich neue technische und gestalterische Möglichkeiten.

Die Walhalla bei Donaustauf *wurde 1842 von König Ludwig I. von Bayern eingeweiht. Bereits 1807, damals noch als Kronprinz, hatte er ein »Pantheon der Deutschen« geplant und dafür Marmorbüsten anfertigen lassen; 1809 wurden die ersten Schritte zur Realisierung unternommen. Aus den zahlreichen Projekten für die Ruhmeshalle ging ein Entwurf Leo von Klenzes siegreich hervor: Er sah einen klassisch-dorischen Peripteral-Tempel (einen Tempel mit umlaufender Säulenstellung, hier je acht an den Giebelfronten und je siebzehn an den Seiten) in enger Anlehnung an den Parthenon in Athen vor (1).*

1

2

3

4

Dem heroischen Wesen des Baus entspricht die Wahl der strengen, dorischen Säulenordnung (2); die Treppenanlage wurde in Marmor ausgeführt (3). Wie die Akropolis erschließt sich auch die Walhalla über eine monumentale Treppe mit (hier) 358 Marmorstufen. Die Lage auf einem Hügel über der Donau steigert noch die theatralische Wirkung (4). Obwohl Klenze als Architekt durch und durch Klassizist war, drang mit der innigen Verbindung von Landschaft und Architektur romantisches Empfinden in sein Werk ein.

5

Hinter der umlaufenden Säulenfront (5) verbirgt sich die »Cella« des Tempels: eine monumentale Halle, in der das Weiß der Büsten und die bräunlich-rote Farbgebung des Marmors pathetisch kontrastieren. Die ionische Säulenordnung überwiegt, das Gebälk einer umlaufenden Empore tragen Karyatiden (weibliche Stützfiguren). An der Schmalseite, dem Bildnis einer Gottheit gleich, ist die Sitzstatue König Ludwigs I. postiert. Ganz unklassisch wirkt dagegen die Konstruktion des als Sternenhimmel gestalteten Dachstuhls: Sie ist aus Eisen, dem Material, das die Baukunst der kommenden Jahrzehnte revolutionieren sollte.

Der Königsplatz in München, *herausragendes Zeugnis klassizistischer Stadtbaukunst, entstand im Auftrag des antikenbegeisterten bayerischen Kronprinzen, des späteren Königs Ludwig I. Zwischen 1816 und 1860 wurden unter der künstlerischen Leitung Leo von Klenzes die Glyptothek (1816–1830), die Platzanlage (ab 1823), die Gemäldegalerie (1838–1845) und die Propyläen (1846–1862) erbaut. Dem Kronprinz schwebte – entgegen Klenzes Konzept – vor, »die Idee der Akropolis auf eine Vorstadtwiese zu projizieren«. Die Glyptothek (2) wird dominiert von einem mächtigen ionischen Portikus, dem zierliche Flügelbauten untergeordnet sind. Der Komplex ist um einen quadratischen Innenhof angelegt, von dem aus Licht in die Ausstellungsräume fällt. Die figurengeschmückten Ädikulen Klenzes an der Platzfassade gaben Anlaß zu heftigen Debatten: Das Renaissancemotiv wurde als Bruch mit dem »reinen griechischen Stil« empfunden. Athene Ergane, die Meisterin des Handwerks, steht im Mittelpunkt des Tympanons (1). Den Scheitel des Giebels schmückt ein »Akroterion«, ein antikes Zierelement, das aus einer bemalten Tonscheibe bestand. Die einzelnen Bauten des Königsplatzes sind stilistisch differenziert: Der Glyptothek im ionischen Stil – abgebildet werden Details der Säulenbasis (6) und des Gebälks (5) – steht die (heutige) Antikensammlung in korinthischer Ordnung gegenüber; der Torbau (3) ist dorisch mit ägyptisierenden Elementen. Das Innere der Glyptothek wurde im Zweiten Weltkrieg zerstört, bei seinem Wiederaufbau verzichtete man auf die Rekonstruktion der üppigen Stuck- und Freskendekoration, so daß der Architektur nun ein stärkeres Gewicht innerhalb des Museums zukommt (4).*

1

2

3

4

5

6

Das Alte Museum in Berlin. *Karl Friedrich Schinkels Altes Museum ist ein Hauptwerk des Klassizismus und ein Meilenstein des Museumsbaus. Es wurde 1823 bis 1830 errichtet, nachdem ein Entwurf von 1822 die begeisterte Zustimmung König Friedrich Wilhelms III. gefunden hatte. Der Bau steht im Zusammenhang mit einer weitgehenden Neugestaltung des Zentrums der preußischen Residenz und dem Vorhaben, die vom napoleonischen Kunstraub zurückgekehrten Kunstschätze auszustellen. Durch seine Lage gegenüber dem Schloß, am Rande des Lustgartens und zwischen den Spreearmen kam dem Museum eine große städtebauliche Bedeutung zu.*

1

In einer aufregenden Synthese kombinierte Schinkel verschiedene Bautypen – Kolonnade, Zentralbau und zweiläufiges Treppenhaus – zu einem ästhetischen, funktionalen und repräsentativen Ganzen (1), das über die Grenzen des Klassizismus hinausweist: Hinter einer monumentalen Front ionischer Säulen und dem barock anmutenden Aufgang bildet die Rotunde den reellen und ideellen Mittelpunkt des Baus (2). Hier sollten die wertvollsten Stücke der Sammlung präsentiert werden. Der überkuppelte Raum ist gleichzeitig Scharnier zwischen der Skulpturensammlung im Untergeschoß und der Gemäldegalerie im oberen Stockwerk. Erst 1842 wurde die kämpfende Amazone, ein Werk von August Kiß, aufgestellt (3). Zum ursprünglichen Bildprogramm gehören die 18 preußischen Adler in den Achsen der Säulen und die klassizisierende Inschrift von 1828 (4), eine Verherrlichung der pädagogischen Ambitionen des Bauherren.

2

ET ARTIVM LIBERALIVM MVSEVM CONSTITVIT MDCCCXXVIII
UND EUROPA

3

TITVIT MDCCCXXVIII

4

Das Schauspielhaus in Berlin. *1818 erhielt Karl Friedrich Schinkel den Auftrag, ein neues Schauspielhaus am Gendarmenmarkt zu errichten, nachdem das von Carl Gotthard Langhans errichtete Nationaltheater im Jahr zuvor bis auf die Grundmauern niedergebrannt war. Als Bedingung galt, daß sechs ionische Säulen des Vorgängerbaus wiederverwendet werden mußten. Schinkel gelang es dennoch, die vielfältigen Funktionsbereiche – Bühne, Zuschauerraum, Garderoben und Verwaltungsräume – unter einem Dach zu integrieren und eine bis heute ästhetisch überzeugende Lösung zu finden.*

1

Der Bau ist in Höhe und Breite gestaffelt (1 und 5): Auf die Freitreppe folgt der ionische Portikus, hinter dem Zuschauerraum und Theaterbühne liegen; der Konzertsaal fügt sich im Süden, der Proben- und Versorgungstrakt im Norden an. Kolossalpilaster an den Ecken nehmen die Säulenstellung des Mittelhaus auf, der Giebel der Vorhalle korrespondiert mit dem des höheren Hauptbaus. Wie ein Gitter sind die Wandflächen durch Gesimse und Pilaster gegliedert, Vorgriff auf spätere Rasterstrukturen im Eisenskelettbau.

Einst wie jetzt brilliert die Qualität des Steinschnitts (2): Die ionische Ordnung mit ihren eleganten Volutenkapitellen (4) entspricht der kulturellen Bestimmung des Baus; antikische Motive finden sich auch im Bildprogramm des Tympanon (3): Die Allegorie der »Psyche« kniet vor einer tragischen Maske. Der im Zweiten Weltkrieg beschädigte Bau ist jüngst wiederhergestellt worden, das Innere wurde weitgehend rekonstruiert.

2

3

4

5

Das Brandenburger Tor in Berlin, *von Carl Gotthard Langhans 1789 bis 1791 errichtet, markiert den Beginn der Glanzzeit klassizistischer Architektur in Preußens Hauptstadt. Friedrich Wilhelm II. hatte den Torbau nach dem Vorbild der Propyläen in Athen errichten lassen, sich selbst und seinem Vorgänger Friedrich II. zu Ehren. Architektur und Bildprogramm sind Allegorien auf die Verbindung von Griechentum und Preußentum (1).*

Die dorische, als kraftvoll-männlich angesehene Säulenordnung dominiert den Bau; zu ihr gehören der Metopen-Triglyphen-Fries sowie die Hängeplatten mit den »Guttae«, aus dem Holzbau übernommenen Formen sogenannter Nagelköpfe (2). Johann Gottfried Schadows »Quadriga« auf der Attika ist ein Sinnbild für »Sieg und Frieden« (3). Viktoria lenkt den vierspännigen Siegeswagen und präsentiert stolz die (von Schadow entworfenen) Siegeszeichen.

1

2

3

4

Eine strenge, auf Horizontale und Vertikale beschränkte Linienführung bestimmt den Aufbau des Brandenburger Tores (4). Siebzehn Jahre vor dem Pariser Arc de Triomphe begonnen, war es das erste bedeutende Triumphtor im Zeitalter des Klassizismus. Das griechische Vorbild der Propyläen verarbeitete Langhans dabei recht frei: Er kombinierte Pfeiler mit Säulenvorlagen und wandelte die dorische Ordnung durch eine Basis in die sogenannte toskanische um. Statt des Dreieckgiebels bekrönt eine mächtige Attika das in fünf Achsen geöffnete Tor.

5

Städtebaulich kam dem Brandenburger Tor eine wichtige Bedeutung zu. Am Ende des Prachtboulevards Unter den Linden lag es an der Grenze des städtischen Zollbereichs und hatte somit neben der repräsentativen auch eine praktische Funktion. In den flankierenden Tempelchen waren die Wachen postiert. Allegorische Skulpturen schmücken die Außenmauern des Tores (5): Die abgebildete Skulptur, nach einem Entwurf Gottfried Schadows gefertigt, zeigt Mars, der zum Zeichen des Friedens sein Schwert in die Scheide steckt.

Schloß Wörlitz bei Dessau *ist ein Hauptwerk des deutschen Frühklassizismus. Sein Architekt, Friedrich Wilhelm von Erdmannsdorff, orientierte sich bei dem 1769 bis 1773 errichteten Schloßbau an der neopalladianistischen Architektur englischer Herrenhäuser. Sie war durch das Stichwerk »Vitruvius Britannicus« weit über ihre Grenzen bekannt geworden. England spielte auf diese Weise eine entscheidende Rolle in der Erforschung und Vermittlung antiker Baukunst, der Grundlage des Klassizismus. In Wörlitz sind Architektur und Natur eine ideale Verbindung eingegangen (1): Fürst Leopold Friedrich Franz von Anhalt-Dessau ließ in den Elbauen einen Landschaftspark nach Vorbild des »englischen Gartens« anlegen. Nicht mehr die starre Geometrie des Barockgartens, sondern das malerische, scheinbar natürliche Arrangement wurde zum Ideal. Versatzstücke antiker Architektur und Skulpturengruppen sollten »überraschen« und romantische Empfindungen wecken. Wie eine Tempelfront ist der Portikus des Schlosses gestaltet (2): Vier monumentale korinthische Säulen tragen Gebälk und Giebel; die Fassade mit Sockel- und zwei Obergeschossen tritt hinter den repräsentativen Eingang zurück. Ausgewogene Proportionen und sparsames Dekor spiegeln das Streben nach Klarheit und innerer Größe wider – Ideale, die an die Stelle der pathetischen Äußerungen des Barockzeitalters traten.*

1

2

3

4

5

Die Innenausstattung wurde von Erdmannsdorff selbst bis in die kleinste Einzelheit geplant; im kuppelüberwölbten Vestibül (3) fanden Kopien berühmter Antiken Aufstellung. Grotesken- und Freskenmalereien aus den eben entdeckten Villen von Herculaneum und Pompeji lieferten die Vorlagen für die Dekoration. Die Motive wurden jedoch einem strengen, klassizistischen Rahmen untergeordnet (4). Die plastische Ausgestaltung (5) des Schlosses ist zurückhaltend und edel: Ob bei den Kapitellen des Portikus, dem Pfeifenfries der Hauptfassade oder dem Kassettengewölbe im Großen Saal, Vorbild war stets die Antike, die mit archäologischer Akribie nachgeahmt wurde.

Barock und Rokoko

Klosterkirche Neresheim / Erbdrostenhof Münster / Wieskirche / Schloß Sanssouci Potsdam / Residenz Würzburg / Zwinger Dresden

Das Zeitalter des Absolutismus, der uneingeschränkten Machtentfaltung weltlicher oder geistlicher Instanzen, fällt zusammen mit der Stilepoche des Barock und des Rokoko, die vom späten 16. bis weit ins 18. Jahrhundert andauerte. Italien war das Ursprungsland der neuen Kunstrichtung. Mit **Giacomo Barozzi da Vignolas** Kirchenbau von »Il Gesù«, dem Mutterhaus des Jesuitenordens in Rom, setzten sich gegenüber Renaissance und Manierismus veränderte Strukturformen durch: Die Elemente der klassischen Architektur wurden nun nicht mehr gleichberechtigt nebeneinandergeordnet und ausgewogen proportioniert, sondern hierarchisch gestaffelt und an zentraler Stelle herausgehoben. Flächen und Volumen erschienen auf diese Weise rhythmisiert und in Bewegung versetzt. Zunehmend fanden geschwungene Formen Verwendung, nicht nur im Aufriß, sondern häufig auch im Grundriß. Die Wand wird plastisch durchgebildet, der Baukörper als komplexes Gesamtkunstwerk verstanden. Malerei und Skulptur waren wie selbstverständlich in den Zusammenhang integriert. Neben dem Sakralbau trat vor allem der Palastbau als schöpferische Bauaufgabe hervor. Mit der Vielzahl der Fürstentümer und den gehobenen Ansprüchen an Komfort und blendende Pracht steigerte sich die Kunst des Barock zur Kulisse eines theatralischen Lebensstils.

Träger der neuen Kultur waren fast ausschließlich Hof und Kirche, die sich namhafter Künstler bedienten, um ihren Vorstellungen Ausdruck zu verleihen. Nur selten noch fungierten die Kommunen als Auftraggeber größerer Bauunternehmungen. Die Baukunst des Barock ist daher weitgehend an feudale Strukturen gebunden; ihr kam insofern die Vorrangstellung unter den Künsten zu, als sie am besten und plakativsten gesellschaftliche Rangordnungen zur Schau stellen konnte.

Die Abkehr von lange gültigen ästhetischen Normen trug dem neuen Stil später die abwertende Bezeichnung »barock« ein, ein Wort, das die portugiesische Sprache für ungleichmäßige, »schiefrunde« Perlen geprägt hatte. Der Begriff wird heute für die gesamte Kultur des 17. und 18. Jahrhunderts verwendet, auch wenn er in der Architektur nicht immer seinem Namen gerecht wird. So bleibt die französische Architektur dieser Epoche viel stärker klassizistischen Tendenzen verhaftet als die italienische; ausufernde, schwingende Formen wird man dort selten finden. Das Rokoko, die von ca. 1720 bis 1770 dauernde Spätphase des Barock, verbreitete sich dagegen von Frankreich aus besonders nach Deutschland, Österreich und Böhmen. Bezeichnenderweise ist ihr Name von dem französischen Begriff »Rocaille« (Muschelwerk) hergeleitet – jenem Ornament, das typisch für diese Stilrichtung wurde.

In Deutschland waren der Entfaltung des Barock zunächst jedoch Grenzen gesetzt: Der Dreißigjährige Krieg hatte frühe Ansätze zur Entwicklung barocker Formen zunichte gemacht. Die Augsburger Bauten eines **Elias Holl** blieben Einzelerscheinungen. Nach dem Ende des Krieges (1648) dauerte es lange, bis überhaupt wieder die Voraussetzungen für größere Bauunternehmungen geschaffen waren. Nun teilte sich das deutsche Territorium allerdings in den protestantischen Norden, der einen aus Frankreich und Holland importierten Klassizismus bevorzugte, und einen katholischen Süden, dem der italienische und böhmische Barock näherstand.

Die ehemalige Jesuitenkirche St. Martin in Bamberg ist einer der frühesten Bauten in den Grenzen des heutigen Deutschlands, der den barocken Stil in voller Ausprägung zeigt. Der 1690 vollendeten Fassade gab **Georg Dientzenhofer,** der älteste der berühmten oberbayerischen Baumeisterfamilie, die Form zweier übereinandergesetzter Triumphtore. Ihre Öffnungen sind tief in die Wand eingeschnitten und provozieren abwechslungsreiche Licht- und Schatteneffekte. In einem komplizierten System durchdringen sich verschiedene Reliefschichten, jede für sich durch die entsprechende Säulenordnung gegliedert. Ruhe kehrt lediglich durch die beiden weiten, gesprengten Giebel ein, die den Mitteltrakt überspannen. Weitaus statischer, der repräsentativen Bauaufgabe angemessen, ist das Motiv, mit dem **Andreas Schlüter** die Portale des Berliner Schlosses akzentuierte. Mächtige korinthische Säulen, die auf einem hohen Sockel fußen, laufen über zwei Geschosse hinweg. Dieses als »Kolossalordnung« bekannte Element wurde von Michelangelo in die Baukunst eingebracht und entwickelte sich zu einem Grundmotiv hochherrschaftlicher Fassadengliederung. In Berlin sind die Säulen reines Hoheitszeichen; sie tragen nichts als das kräftige Gebälk und Statuenschmuck.

Der von **Matthäus Daniel Pöppelmann** entworfene Dresdener Zwinger spricht eine vollkommen andere Sprache: Die konvex gewölbten Pavillons an den Scheitelpunkten der Gesamtanlage sind heitere Festarchitektur, in der sich Bau und Dekoration prachtvoll verbinden. Lächelnde Hermen (männliche Stützfiguren) tragen ein sich vielfach verkröpfendes Gebälk. Im Inneren führt eine monumentale Treppe zum Festsaal. Die Pavillons sind – wie die sie U-förmig umfangenden Galerien – die steinerne Umsetzung einer provisorischen Holzarchitektur, wie sie bei höfischen Feiern üblich war.

Im Zuge des Ausbaus der sächsischen Metropole zur Residenz Augusts des Starken wurden auch zwei bedeutende Kirchenbauten errichtet, die verschiedene Facetten des deutschen Barock widerspiegeln: Die Frauenkirche (1726–1739) von **Georg Bähr** wurde zum Inbegriff der protestantischen Predigtkirche: Einem quadratischen Grundriß sind kreisförmig Pfeiler eingestellt, die eine hohe, doppelte Kuppel tragen. Zwischen sie wurden logenähnlich hölzerne Emporen eingehängt. **Gaetano Chiaveri** errichtete die katholische Hofkirche mit ihrer städtebaulich wirksamen Einturmfassade. Sie nimmt Formen des römischen Hochbarock auf.

In Sanssouci schaffte sich Friedrich II. (der Große) sein persönliches »Arkadien«: Als Krönung eines künstlichen terrassierten Weinbergs ließ er – unter eigener planerischer Beteiligung – **Georg Wenzeslaus von Knobelsdorff** 1745 bis 1747 einen zierlichen Dreiflügelbau mit großem ovalem Saal errichten. Auch hier schmücken Hermen die Fassade, dieses Mal als Satyrn und Nymphen. Immer deutlicher wurde nun, daß die Zeit des einzig dem Zeremoniell gehorchenden Lebensstils zu Ende geht; der Rückzug in die Natur und in ein intimeres Ambiente ist symptomatisch für das beginnende Rokoko. In Westfalen errichtete der kurfürstliche Architekt **Johann Conrad Schlaun** eine Reihe von Stadtpalästen, die französische und römische Elemente miteinander verbinden. Der Erbdrostenhof in Münster – an sich auf einem unglücklichen Eckgrundstück gelegen – vereint die Cour d'honneur, den Ehrenhof, mit einem konkav geschwungenen Baukörper, in dem sich ein die ganze Tiefe einnehmender Festsaal verbirgt. Das Erstaunlichste ist, wie Schlaun dem spröden Material Backstein elegante und geschmeidige Formen abgewann.

Als herausragende Architektenpersönlichkeit des 18. Jahrhunderts gilt der Böhme **Johann Balthasar Neumann** (1687–1753), dessen komplexe, künstlerisch wie technisch einzigartige Raumformen den Höhepunkt deutscher Barockarchitektur darstellen. In der Wallfahrtskirche Vierzehnheiligen und der Klosterkirche Neresheim, seinem Spätwerk, durchdringen sich Längs- und Zentralbauten; ovale Jochformen versetzen den Raum scheinbar in Schwingungen. Die perfekte Integration von Deckenmalerei und Skulptur lassen die Grenzen zwischen Realität und Fiktion verschwinden, der Ort wird zum »Theatrum Sacrum«.

Einzigartig sind auch Neumanns Schloßbauten, die er im wesentlichen für die Würzburger Fürstbischöfe der Familie Schönborn errichtete. Diese waren nach eigener Aussage »vom Bauwurmb« befallen und gehörten zu den wichtigsten Bauherren im deutschen Raum. Ihre Residenz in Würzburg ist vielleicht das bedeutendste Gesamtkunstwerk des europäischen Barock überhaupt: Unter der Gesamtleitung von Neumann arbeiteten so namhafte Architekten wie die Bayern **Johann Dientzenhofer** und **Maximilian von Welsch** sowie der Wiener **Lucas von Hildebrandt;** beratend tätig war der Franzose **Robert de Cotte.** Für die malerische Ausgestaltung der Innenräume zeichneten unter anderem **Giovanni Battista Tiepolo** und sein Sohn Giovanni Domenico verantwortlich. Als herausragende Leistung Neumanns muß neben der Palastkapelle das monumentale Treppenhaus mit dem überwältigenden und statisch äußerst gewagten Muldengewölbe genannt werden. Auch seine Treppenhäuser in den Schlössern von Bruchsal und Brühl gehören zum Schönsten, das die deutsche Profanbaukunst zu bieten hat.

Unter den Klosterbauten ragen die Benediktinerabteien von Ottobeuren und Zwiefalten, beide von **Johann Michael Fischer,** heraus. In ihrer Prachtentfaltung stehen sie den Residenzen in keiner Weise nach. Zum Inbegriff des Rokoko wurde allerdings die Wieskirche bei Steingaden in Oberbayern. Im Zusammenspiel von Architektur und Stuckdekoration (geschaffen von den Brüdern **Dominikus und Johann Baptist Zimmermann**), von Malerei und Skulptur verschmilzt der Innenraum zu einem überirdischen Festsaal. Und doch ist die Konstruktion des ovalen Kirchenraums, dem sich ein länglicher Chorraum anschließt, eine höchst reale technische wie künstlerische Glanzleistung. Stütze und Last sind natürlich nur scheinbar aufgehoben, die Übergänge von Wand und Gewölbe nur scheinbar beseitigt. Einen wesentlichen Teil zu dieser Illusion trägt die Farbe bei: Das Weiß der Architektur, die feinen Gold- und Silbertöne des Ornaments sowie das Blau der Fresken schaffen eine heiter-lyrische Atmosphäre, der man sich kaum entziehen kann. Vollends zur Bühne wird der Raum in den Bauten der Brüder **Asam**, die selbst Architekten, Maler und Dekorateure waren. In ihrer Hauskirche in München, in Rohr und in Weltenburg ist die Verbindung aller Künste zu höchster Dramatik gesteigert.

Am Hof Maximilians I. in München gelangte das deutsche Rokoko zu seiner Vollendung. **Josef Effner** und der in Paris geschulte Wallone **François Cuvilliés** schufen mit der Amalienburg im Park des Nymphenburger Schlosses und dem Theater in der Residenz einzigartige profane Innenräume, die ihren französischen Vorbildern durchaus ebenbürtig waren.

Die Abteikirche von Neresheim *ist Balthasar Neumanns letztes, aber auch reifstes Werk. 1745 begonnen, war der Bau 1753, bei Neumanns Tod, weit über die Grundmauern hinausgekommen; die komplizierte Wölbung stellte den Abt des Benediktinerklosters jedoch vor Probleme. Nach langen Querelen rief man Neumanns Sohn, Ignaz Michael, der genaue Konstruktionszeichnungen für den Dachstuhl lieferte. Dennoch wurden die Kuppeln danach flacher als ursprünglich vorgesehen ausgeführt. 1793 war die Kirche endgültig fertiggestellt. Ihren Grundriß bildet ein lateinisches Kreuz, dessen Form im Aufriß in sieben sich überschneidende Ovale übergeht. Das Gewölbe (2) verdeutlicht dies: An die längsgerichtete Vierungskuppel schließen sich jeweils zwei quergerichtete Flachkuppeln an; die anderen bilden den Querarm. Dies an sich klare System wird jedoch kunstvoll verwoben, indem Gurt- und Scheidbögen die Jochgrenzen durchbrechen und den Raum dynamisieren. Das gesamte Innere ist in Bewegung versetzt: Zentrum ist die Vierung, deren Kuppel auf vier korinthischen Doppelsäulen ruht (3). Die äußeren Vierungspfeiler sind schräggestellt und betonen so die Ausrichtung auf die Mitte. Alle Partien des aus Sockel, Hauptgeschoß und Lichtgaden bestehenden Baus schwingen und durchdringen sich (1). – Die subtile Lichtführung und die graphische Ausgestaltung der in gleißendem Weiß gehaltenen Bauplastik sind ein weiteres Merkmal für Balthasar Neumanns Architektur. Mit ungeheurer Präzision sind die Profile des Gebälks gearbeitet (4), ihre vielfache Abstufung und ihre scharfen Konturen verleihen der Architektur eine kühle Eleganz, die reizvoll mit dem heiteren Schwung des Raumes kontrastiert.*

1

2

3

4

Der Erbdrostenhof in Münster, *das Stadtpalais des Freiherrn Droste zu Vischering, wurde 1753 bis 1757 von Johann Conrad Schlaun erbaut. Schlaun, der bei dem berühmten fränkischen Baumeister Balthasar Neumann studiert hatte und zuvor für den Kölner Fürstbischof Clemens August in Brühl tätig gewesen war, schuf im Auftrag des Münsteraner Adels zahlreiche Bauten, die der Barockarchitektur Westfalens Geltung verschafften. Der Erbdrostenhof ist ein herausragendes Beispiel seiner Kunst und Erfindungsgabe, zumal er auf einem ungünstig geschnittenen Eckgrundstück errichtet werden mußte.*

1

2

Während französische und österreichische Palastbauten die Vorbilder für die Konzeption des Erbdrostenhofes lieferten, griff Schlaun mit der Verwendung von gelbem Baumberger Sandstein und rotem Backstein lokale Traditionen auf, die er für die barocke Fassadengestaltung nutzbar machte: Die Wandflächen wurden in Ziegel ausgeführt, der hellere Sandstein blieb den architektonisch gliedernden und akzentuierten Teilen vorbehalten. Kosmologische Motive bestimmen das Skulpturenprogramm: An den Konsolen werden die Monate dargestellt, abgebildet sind der Juli mit Erntesymbolen und der August mit Gewitter und Jagdmotiven (3).

3

Geschickt ist der Bau dem dreieckigen Ehrenhof angepaßt (2): Konkav geschwungene Flügel rahmen den Mittelrisalit, der mit Kolossalpilastern gegliedert und von einem mächtigen Giebel bekrönt wird. Das mittlere Fenster schneidet in das Gebälk ein, ein Motiv, das Schlauns Kenntnis römischer und spätantiker Architektur verrät. Hinter ihm verbirgt sich der über zwei Geschosse reichende große Festsaal (1), dessen illusionistische Wandmalereien nach Zerstörungen im Zweiten Weltkrieg kürzlich wiederhergestellt wurden.

Die Wieskirche, *eigentlich Wallfahrtskirche zum Gegeißelten Heiland in der Wies, vereint alle Künste zu einem die Sinne berauschenden Gesamtkunstwerk. Architektur, Malerei und Skulptur sind eine Synthese eingegangen, die selbst im Barockzeitalter ihresgleichen sucht (3). 1745 wurden der Steingadener Prämonstratensermönch Dominikus Zimmermann als Architekt und sein Bruder Johann Baptist als Maler beauftragt, an Stelle einer kleinen Kapelle eine neue Wallfahrtskirche zu errichten (1). 1749 überführte man das Gnadenbild des weinenden Christus in die Kirche, 1754 erfolgte die Schlußweihe. Zuerst wurde der doppelgeschossige, im oberen Teil durch Säulen geöffnete Chor erbaut, daran schloß sich das ovale Langhaus an, dessen Muldengewölbe von acht Doppelsäulen getragen wird (2). Holzkonstruktionen ermöglichten kühne Durchbrechungen der Decke. Zartfarbener Stuckmarmor und vergoldetes Ornament (4), lichte Rokokomalerei und bewegte Figuren (5) ergänzen die feierliche Architektur zu einem einzigartigen »Theatrum Sacrum«.*

1

2

3

4

5

Schloß Sanssouci in Potsdam, *Hauptwerk des »friderizianischen Rokoko«, wurde 1747 nach nur kurzer Bauzeit fertiggestellt. Sein Bauherr, König Friedrich II. (der Große), hatte selbst den Grundriß für seine Sommerresidenz entworfen. Die Ausführung blieb Georg Wenzeslaus von Knobelsdorff überlassen, der sich wegen der Aufsockelung des Baus mit dem König entzweite. Friedrich wollte ungehindert ins Freie treten, der Architekt forderte – der Fernsicht wegen – einen Unterbau. Die Berechtigung des Knobelsdorffschen Vorhabens wird beim Blick von der Gartenfront her deutlich (1).*

1

2

Als »Maison de plaisance« war Sanssouci als intimes, wenn auch kostbar ausgestattetes Lustschloß geplant. Bequemlichkeit und Naturnähe bestimmten seine Konzeption. Als Krönung eines künstlich angelegten terrassierten Weinberges wurde es zum Inbegriff eines Lebensstils, der sich nicht mehr einzig dem Zeremoniell unterwerfen wollte.
Mit dem Schloß und den Gartenanlagen schuf sich der »Philosoph von Sanssouci« sein eigenes Arkadien. Hermen mit Satyrn und Nymphen, Verkörperung naturhafter Gewalten, schmücken die Fassaden des elliptischen Kernbaus (2 und 3). In seinem Inneren liegt ein ovaler Saal mit 16 reich dekorierten Marmorsäulen; die Kuppel ist als Reminiszenz an das Pantheon in Rom mit einem kristallenen, lichtdurchlässigen Rundfenster geschlossen. Das Bildprogramm spielt auf Bacchus, den Gott des Weines, an. In dieser Umgebung disputierte Friedrich gern mit seiner »Tafelrunde«.

3

Die Würzburger Residenz, *der glanzvollste deutsche Barockbau, entstand ab 1719 im Auftrag des Fürstbischofs Johann Philipp Franz von Schönborn. Balthasar Neumann lieferte erste Entwürfe, die von französischen Architekten begutachtet wurden. Später zogen die Schönborns Maximilian von Welsch aus Mainz und den Wiener Hofarchitekten Johann Lukas von Hildebrandt hinzu. Trotz fremder Beteiligung gilt die Residenz doch als das Hauptwerk Balthasar Neumanns. Die Anlage ist wie in Versailles um einen Ehrenhof konzipiert; in der Mittelachse (3) liegt das Vestibül mit der doppelläufigen Treppe, dahinter die ovale Sala Terrena (4), der Übergang zum Garten. Einzigartig ist das gewaltige, die gesamte Höhe des Schlosses einnehmende Treppenhaus mit seinem 32 x 18 Meter überspannenden Gewölbe, prunkvoller Aufgang (2) zum anliegenden Kaisersaal. Es wurde 1743 fertiggestellt. Schwingende Formen beherrschen die Hofkirche (1): Architektur, Skulptur und Malerei vereinen sich hier zu einem großartigen Szenarium.*

1

2

3

4

Der Dresdener Zwinger, *der seinen Namen einer ehemaligen Bastion verdankt, war ursprünglich kein Schloß, sondern ein Turnierplatz, dessen Holzarchitektur in den neuen Steinbau übernommen wurde. König August II. (der Starke) übertrug 1711 Matthäus Daniel Pöppelmann die Aufgabe, das alte »Theater« zu einem größeren Palast umzugestalten. Der Komplex wurde jedoch nicht fertiggestellt und erst im 19. Jahrhundert von Gottfried Semper ergänzt. Pöppelmann entwarf einen annähernd quadratischen Hof mit Saalbauten und verbindenden Galerien sowie den Exedren, den U-förmigen Erweiterungen in der Querachse. In ihrem Scheitel errichtete er zierliche Ovalbauten, den Glockenspiel- und den Wallpavillon, dessen Skulptur Balthasar Permoser fertigte (2, 3). Die Bekrönung des Kronentors (1) erinnert an die Übernahme der polnischen Königswürde durch den sächsischen Kurfürsten im Jahr 1697. Der Zwinger ist ein gebautes »Arkadien«, ein Traum von der Vereinigung mit der Natur: Lächelnd tragen Hermen – männliche Halbfiguren – die Last des Gebälks; Satyrn, Faune und Putten (4) beleben die Architektur. In einer künstlichen Grotte nehmen Quellnymphen ein Bad, umgeben von Bauplastik, deren klassische Formen groteske Züge aufweisen (5).*
1945 sind weite Teile des Zwingers zerstört worden; ihr Wiederaufbau wurde 1964 abgeschlossen.

1

2

3

4

5

Renaissance und Manierismus

Rathaus Augsburg / Residenz München / Schloß Johannisburg Aschaffenburg / Hämelschenburg Hameln / Schloß Heidelberg / Schloß Güstrow

Wenige Bauwerke in Deutschland entsprechen dem, was italienische Theoretiker unter dem Wort »Rinascita« (Wiedergeburt) verstanden. Einfache geometrische Grundformen, harmonische Proportionen und korrekt angewandte Säulenordnungen sind die Ausnahme in der deutschen Architektur des 16. Jahrhunderts; sie finden sich nur dort, wo italienische Architekten selbst am Werk waren. Sonst blieb die Rezeption des klassischen Stils in Deutschland oberflächlich: ein Gemisch aus spätgotischen Strukturen und antikisierenden Dekorationselementen. Dennoch gibt es vor allem in Nordwestdeutschland herausragende Bauten, die Qualität und Vielfalt dieser Phase offenbaren. Aus ihr ging schnell und nahezu lückenlos der Manierismus hervor, ein – wie sein Name besagt – künstelnder, eher antiklassischer Stil, der das System der antiken Architektur spielerisch verfremdet. Erst im frühen 17. Jahrhundert, kurz vor der Wende zum Barock und auch nur im Umkreis des bayerischen Hofs, kam es zu einer ernsthaften Auseinandersetzung mit der klassischen Baukunst.

Die Wiederbelebung der Antike nahm ihren Anfang in Florenz, als ein Kreis von Gelehrten begann, sich intensiver mit der Philosophie und Literatur des Altertums zu beschäftigen. Der Architektur kam dabei eine Schlüsselrolle zu: 1414 wurden die zehn Bücher »De Architectura« des Vitruv wiederentdeckt; 23 v. Chr. hatte der Autor darin die Regeln der Baukunst seines Zeitalters festgehalten. Die Schriften lösten einen gewaltigen Umbruch aus: Von nun an war das Vorbild der klassischen Architektur verbindlich; das Mittelalter galt als überwunden. Zum Ideal wurden ausgewogene, harmonische Proportionen, die als Spiegel des vollendeten menschlichen Körpers galten. Jener »Homo Universale«, von **Leonardo da Vinci** bildlich formuliert, war Abbild des Kosmos und seiner selbst zugleich. So verband sich mit der Wiedergeburt der Antike und ihrer Architektur die Entdeckung des Menschen selbst.

Trotz des Ruhmes so gefeierter Architekten wie **Brunelleschi, Bramante** und **Michelangelo** kam die wichtigste Rolle in der Verbreitung der Motive der Literatur zu: da Vignola, Sebastiano Serlio und Andrea Palladio trugen mit ihren Traktaten die Stilvorstellungen der italienischen Renaissance bis in die entlegensten Kolonien. Was sie als »klassisch« vermittelten, war jedoch bereits idealisierte Interpretation. Prägend wurden die klare Struktur des Raumes, das Proportionssystem und die Säulenordnungen – Elemente, die sich den Erfordernissen des Sakral- und Profanbaus anpassen ließen. Dabei galt es nicht als problematisch, einer christlichen Kirche die Gestalt eines Tempels zu geben: Christentum und heidnische Antike wurden nicht länger als Widerspruch empfunden.

An den italienischen Fürstenhöfen hatten ideale Bedingungen geherrscht, um die Ideen der »Rinascita« zu verwirklichen. In Deutschland waren dagegen mehrere Faktoren für die nur oberflächliche Rezeption der Renaissance-Architektur verantwortlich. Zum einen gab es eine florierende spätgotische Bautradition, die den Import einer fremden Stilrichtung verlangsamte; zum anderen fehlte den deutschen Fürsten die direkte Anschauung des antiken Erbes. Humanistische Tendenzen blieben daher zunächst auf die philosophische und philologische Ebene beschränkt. Welche Rolle die Reformation oder eine generell konservative Grundhaltung an den deutschen Höfen dabei spielte, ist in der Forschung noch umstritten.

Die ersten, die sich ein Bauwerk im Stil der Renaissance in Deutschland errichten ließen, waren die **Fugger,** eine Bürgerfamilie, die enge Handelsbeziehungen zu Oberitalien unterhielt. Ihre 1509–1518 entstandene Grabkapelle in Augsburg orientiert sich an venezianischen Vorbildern: Der harmonische Raum mit weiten Arkaden und Rundbogenfenstern trägt allerdings noch ein gotisches Sterngewölbe; die skulpturale Ausstattung mit Reliefs, Epitaphien und Marmorverkleidungen entspricht dagegen ganz dem neuen Stil. Während man vermutet, daß Albrecht Dürer für die Dekoration Vorlagen lieferte, bleibt der Name des Baumeisters im dunkeln.

Ein ebenso vereinzeltes Beispiel italienischer Renaissancebaukunst in Deutschland ist die Residenz in Landshut. Herzog Ludwig X. und sein Bruder hatten 1536 beschlossen, ihre Burg über der Isar aufzugeben und sich ein Schloß in der Altstadt errichten zu lassen. Vermutlich war ein Besuch in Mantua für den für damalige Verhältnisse ungewöhnlichen Schritt verantwortlich. Aus der oberitalienischen Stadt kam mit den Handwerkern auch die Konzeption des sogenannten Italienischen Baus: Antikisierende Hofloggien und der tonnengewölbte »Italienische Saal« sind großartige Zeugnisse eines an der oberitalienischen Kultur orientierten Lebens- und Wohnstils. Etwa gleichzeitig erweiterte **Konrad Krebs** Schloß Hartenfels in Torgau an der Elbe um den Johann-Friedrich-Bau. Der »Große Wendelstein«, der reich ornamentierte offene Treppenturm im Hof, verbindet spätgotische Formen mit Renaissancedekor nach französischen und italienischen Vorbildern.

Der bedeutendste Bau der deutschen Renaissance, obwohl stilistisch bereits an der Schwelle zum Manierismus, ist der Ottheinrichsbau des Heidelberger Schlosses. Letzteres ist im Gegensatz zu Landshut kein regelmäßiger Neubau, sondern Konglomerat älterer und neuerer Teile. 1557 hatte Kurfürst Ottheinrich die Errichtung des Flügels veranlaßt, der nach einem Blitzschlag nur noch als Fassade und ohne bekrönende Giebel erhalten ist. Während die Betonung der Horizontalen durch die drei Geschosse und die Pilasterordnung klassisch ausgewogen wirkt, ist die Überfülle der Dekoration, die Vielfalt und Unruhe der Architekturelemente bereits manieristisch. Im Bildprogramm sind alle Register humanistischer Gelehrsamkeit gezogen. In überquellender Fülle werden die Schmuckformen der Renaissance vorgeführt, überdeutlich die selbstzugesprochenen Charaktereigenschaften und das politische Programm seines Auftraggebers illustriert: vom Alten Testament über die griechische Mythologie, von der Astrologie bis hin zu den christlichen Tugenden.

Voraussetzung für die Verbreitung antikisierenden Formenguts und der damit verbundenen Inhalte waren seit der Mitte des 16. Jahrhunderts zahlreiche Übersetzungen und Publikationen theoretischer Schriften. Neben den bereits erwähnten Abhandlungen aus Italien erschienen nun auch deutsche und holländische Traktate. Die Schriften von **Hans Blum**, **Vredeman de Vries** und **Wendel Dietterlin** waren jedem Baumeister bekannt. Sie übersetzten das klassische Repertoire in einen flächigen, wie gestanzt wirkenden Dekorationsstil, der in Nordeuropa weit größere Verbreitung erfuhr als die raumgliedernde Bauweise der Italiener.

Auf der Suche nach einer eigenen, humanistischen Idealen verpflichteten Formensprache bemächtigte sich das Bürgertum dieser Renaissance-Architektur. Besonders im Nordwesten Deutschlands entstand, getragen von wirtschaftlicher Prosperität, ein geschlossenes Ensemble profaner Baukunst, das unter dem Namen »Weserrenaissance« bekannt geworden ist. Zwischen Paderborn und Bückeburg, Hannoversch-Münden und Münster wurden nun Rathäuser, Schlösser und Bürgerbauten errichtet, die reich mit Renaissancemotiven geschmückt sind. Letztere beschränken sich jedoch meist auf die Fassaden und die typischen, geschoßübergreifenden Erker (»Ausluchten«). Die Grundstruktur, die Proportionen sowie die Dachgestaltung mit Treppengiebeln blieben dagegen spätgotisch.

Lokaler Tradition entsprechend wurde am Fachwerk- und am Backsteinbau festgehalten; klassische Dekorationselemente wie Zahnschnitt, Eierstab, Grotesken und Pilaster sind aus dem Steinbau in einheimische Materialien übertragen. Konstruktive Teile des Fachwerkbaus, Balkenköpfe, Konsolen, Knaggen und Füllbretter tragen komplexe Bildprogramme: Geschnitzt oder gemalt, spiegeln sie in bunter Vielfalt die humanistischen Vorstellungen ihrer Auftraggeber wider. Die schönsten Beispiele dafür sind im norddeutschen Raum das »Hexenbürgermeisterhaus« in Lemgo und die Hämelschenburg an der Weser, in Süddeutschland das »Haus zum Ritter« in Heidelberg und das Pellerhaus in Nürnberg. Daneben entwickelte sich aus der wehrhaften Burg die systematischere und repräsentativere Vierflügelanlage, wie sie mit Schloß Johannisburg in Aschaffenburg in Vollendung vorgeführt wurde. In diesem Umfeld ist erstmals ein deutscher Renaissancebaumeister namentlich faßbar: **Jörg von Unkair** aus Tübingen, Erbauer der Schlösser in Neuhaus bei Paderborn, Detmold und Stadthagen.

Zu Beginn des 17. Jahrhunderts setzte in Bayern eine ernsthaftere, archäologisch orientierte Auseinandersetzung mit der Antike beziehungsweise ihrer Rezeption in der italienischen Renaissance ein. Unter Wilhelm V. wurde mit der Michaelskirche in München erstmals das Schema des römischen »Il Gesú« in Deutschland übernommen. Als Mutterkirche des Jesuitenordens war jener Vorbild für den Kirchenbau der Gegenreformation. Ein weites Schiff, der Predigtraum, wird von Seitenkapellen flankiert, Wandpfeiler stützen ein mächtiges Tonnengewölbe. Fassade und Innenraum sind durch kräftige Gesimse und Pilasterordnungen gegliedert. Auch der Grottenhof und das Antiquarium der Münchener Residenz sind direkte Nachfahren italienischer Vorbilder: **Jacobo Strada** aus Mantua hatte die Pläne für das Antiquarium geliefert und selbst für den Erwerb der dort aufgestellten Antiken gesorgt.

Vielleicht der wichtigste Bau der deutschen Renaissance entstand an der Schwelle zum Barock: das von **Elias Holl** errichtete Rathaus in Augsburg. Die dreigeteilte Fassade wird von klaren Horizontalen und Vertikalen dominiert, ein Giebel krönt den Mitteltrakt. Gleichförmige Fensterreihen werden lediglich durch verschiedene Fensterverdachungen differenziert. Der fast nüchtern wirkende Bau ist im Inneren äußerst prachtvoll gestaltet: Hinter der Fassade verbirgt sich ein über drei Stockwerke reichender Saal, der in seiner gesamten Breite von einer vergoldeten Holzdecke überspannt wird. Unweit des Rathauses ist der Umschwung zum Barock vollzogen: Die Fassade des Zeughauses (gleichfalls ein Bau Holls in Augsburg) ist zur Mitte akzentuiert, kräftige sich verkröpfende Simse steigern die Plastizität, ein gesprengter Giebel und Voluten brechen die geschlossenen Umrisse der Fassade malerisch auf.

Das Rathaus in Augsburg *wurde 1615 nach Plänen des ortsansässigen Baumeisters Elias Holl begonnen. In seiner bezwingenden Klarheit und Geschlossenheit wurde es zu einem Hauptwerk der deutschen Renaissancearchitektur. Die vertikal dreigeteilte Fassade erhielt durch die Reihung ihrer Fenster eine monumentale Breitenwirkung (1). Gesteigerter Baudekor und ein Giebelgeschoß akzentuieren den Mitteltrakt. In ihm liegt mit dem »Goldenen Saal«, der über drei Geschosse reichende Repräsentationsraum (2 und 3). Nach starken Kriegsschäden wurde er in den Jahren 1978 bis 1985 rekonstruiert.*

1

2

3

Die Residenz in München. *Mit der Planung des Antiquariums durch den Mantuaner Jacopo Strada begann 1568 der Neubau der Münchner Residenz. Sie ersetzte die »Neuveste«, eine Wasserburg in der Nordostecke des einstigen Mauergürtels. Das Antiquarium (3), Aufbewahrungsort der Antikensammlung und Bibliothek Herzog Albrechts V., stellte einen Wendepunkt in der Geschichte der deutschen Architektur dar: Mit 66 Meter Länge entstand innerhalb von wenigen Jahren nicht nur der größte profane Renaissanceraum nördlich der Alpen und eine der frühesten Antikengalerien Deutschlands, sondern vor allem ein unter unmittelbarem italienischem Einfluß errichteter Bau. 1580 machte ein Brand der »Neuveste« den Neubau der gesamten Anlage notwendig.*

1

Der 1588 vollendete Grottenhof (2) folgt ebenfalls Vorbildern italienischer Architektur. Friedrich von Sustris schuf das bizarre Ensemble, bei dem Realität und arkadische Phantasien verschwimmen. Muscheln, Korallen und Kristalle gehören zu den Baumaterialien dieser Kunstwelt. Gleichfalls für den Grottenhof, dessen Längswände im 18. Jahrhundert umgestaltet wurden, fertigte Hubert Gerhard um 1595 den Perseusbrunnen (1). Als Bezwinger der Medusa war Perseus Sinnbild für Klugheit und Manneskraft, Eigenschaften mit denen sich der Auftraggeber, Herzog Wilhelm V., identifizierte.

2

3

Der Kaiserhof (4) ist Kernstück der »Maximilianischen Residenz«, der Trakte, die unter Maximilian I. zu Beginn des 17. Jahrhunderts errichtet wurden. Der Baumeister und Bildhauer Hans Krumper orientierte sich bei der großzügigen vierflügeligen Anlage an französischen Schloßbauten, die sich durch klare, rationale Raumaufteilung auszeichneten. Nach Kriegszerstörungen ist das Innere des Kaiserhoftraktes heute wiederhergestellt; die Fassaden wurden mit einer vereinfachten Pilastergliederung bemalt.

4

Schloß Johannisburg in Aschaffenburg, *die Residenz der Mainzer Erzbischöfe und Kurfürsten, wurde 1606 durch den Straßburger Baumeister Georg Riedinger begonnen. Die an französischen Vorbildern orientierte Vierflügelanlage trat an die Stelle eines spätgotischen Baus, der 1552 im Markgräfler Krieg zerstört worden war. Sie setzte die Maßstäbe für den deutschen Schloßbau des 17. Jahrhunderts. Klare Formen und ausgewogene Proportionen bestimmen den um einen viereckigen Hof gruppierten Komplex, der an den Ecken mit kräftigen Türmen akzentuiert ist. Der rote Sandstein kontrastiert harmonisch mit der umgebenden Natur und dem Blau des Mains (3).*

1

Die Mitte eines jeden Flügels ist durch steile Schmuckgiebel akzentuiert, die üppig mit Renaissancedekor versehen sind: Pilaster, Obelisken, Ädikulen und Beschlagwerk lösen die Strenge des Schloßbaus in dekorative Eleganz auf (4).

An der Südseite des Baus ist der Graben erhalten, ein Rustika-Portal bildet den Zugang zum Inneren (2). Besonders aufwendig wurde das Portal der Kapelle gestaltet (1), ein Werk des fränkischen Bildhauers Hans Junckers, das zwischen Renaissance und Barock steht. Die Treppentürme (5) in den Ecken des Hofes erschließen die oberen Geschosse. Die ursprüngliche Innenausstattung ist weitgehend zerstört.

2

3

4

5

Die Hämelschenburg bei Hameln *gehört zu den bedeutendsten Bauten der »Weserrenaissance«, einem Baustil zwischen Renaissance und Manierismus, der sich infolge der wirtschaftlichen Prosperität des nordwestdeutschen Raums im 16. und 17. Jahrhundert ausbildete. Die Hämelschenburg, das Schloß der Familie von Klencke, wurde zwischen 1583 und 1606 errichtet; der Baumeister ist bis heute unbekannt. Ein breiter Graben sichert die dreiflügelige Anlage (1), an deren Baudekor sich das Selbstbewußtsein der Familie und der unbefangene Umgang mit antikisierenden Bauelementen ablesen läßt: Die »Ausluchte« (2), ein am Boden ansetzender Erker, der als Gerichtslaube diente, zeigt ionische Säulen und Löwenmasken; Wappen der von Klenckes schmücken Giebel und Brüstungen (4 und 5). Typisch für den Stil der Weserrenaissance sind die weithin sichtbaren Zwerchhäuser (3), die Treppentürme und das fast die gesamte Oberfläche des Baus überspinnende Dekor. In unerschöpflicher Vielfalt sind Bossenquader, Kerbschnittornamente und Beschlagwerkformen miteinander kombiniert (6).*

1

2

3

4

5

6

Schloß Heidelberg. *Fast 400 Jahre wurde an dem malerisch über dem Neckar gelegenen Heidelberger Schloß gebaut (3). Vom Mittelalter bis zum Dreißigjährigen Krieg wurde die Anlage ständig erweitert, so daß sie sich als vielfältiger Baukomplex und nicht als einheitliche Planung präsentiert. Naturkatastrophen und Zerstörungen während der Eroberung Heidelbergs durch die Franzosen (1693) vernichteten wesentliche Teile des Baus. Bedeutsam für die Geschichte der deutschen Architektur wurden die Renaissanceflügel: der 1546 fertiggestellte »Gläserne Saalbau« Friedrichs II., der Ottheinrichsbau von 1556 bis 1559 und der Friedrichsbau, der 1601 bis 1607 errichtet wurde, heute aber weitgehend als Rekonstruktion anzusehen ist.*

1

2

3

Der Ottheinrichsbau (1 und 2) ist nach einem Blitzschlag im Jahr 1764 nur als Ruine erhalten. Obwohl seine Fassade ganz mit antikischen Elementen gestaltet ist – ionische, korinthische und komposite Säulenordnungen, Ädikulen, Fensterverdachungen – sind die Häufung der Schmuckelemente und ihre malerische Verteilung ganz unklassisch: Wahrscheinlich wurden italienische Einflüsse über die Niederlande und die dort florierende Traktatliteratur vermittelt. Während der Architekt unbekannt ist, steht fest, daß Alexander Colin aus Mecheln das reiche, den Bauherrn verherrlichende Bildprogramm schuf.

4

Die wiederhergestellten Fassaden des Friedrichsbaus (4) mit ihren kräftigen Pilastern tragen gegenüber dem manieristischen Ottheinrichsbau bereits frühbarocke Züge.

Schloß Güstrow *in Mecklenburg ist trotz verschiedener Eingriffe ein herausragendes Beispiel profaner Renaissancebaukunst in Norddeutschland. Die 1558 bis 1566 vom schwedischen Baumeister Franz Parr errichteten Süd- und Westflügel bilden den Kern des gegen Ende des 16. Jahrhunderts zur Vierflügelanlage erweiterten Komplexes. 1795 wurden der Ost- und Teile des Nordflügels wieder abgerissen, so daß der Bau heute nur noch in drei Fronten erhalten ist. Die fünfgeschossige Hauptfassade nach Westen zeigt sich reich mit Risaliten, Türmen und Giebeln gegliedert; kräftige Gesimse betonen die Horizontale (1).*

1

2

3

4

Im Sockelgeschoß erweist sich das Repräsentationsbedürfnis der Renaissancezeit: Scheinquader unterstreichen den wehrhaften Charakter des Baus – ein Motiv, das mehr ästhetisch als konstruktiv bedingt ist (3). Ädikulen und rustizierte Fensterrahmungen sollen an Vorbilder des Florentiner Palast- oder des französischen Schloßbaus erinnern (2). Dabei sind die sichtbaren Steine Fiktion: Güstrow ist aus Backstein errichtet, die Oberflächen wurden mit Putz und Stuck verkleidet. Eine dreigeschossige Arkadenhalle dominiert die Hoffront des Südflügels (4): Während sich die beiden unteren Stockwerke in weiten Bogenstellungen öffnen, ist der obere Teil eine flachgedeckte Loggia mit Kolonnade. Unterschiedliche Säulenordnungen (ionisch, komposit, korinthisch) belegen die Kenntnis antiker Gliederungsprinzipien, aber auch den freien Umgang mit dem klassischen Erbe. Zu Anfang des 17. Jahrhunderts wurde die Stuckdecke im Jagdsaal vollendet (5); sie zeigt Szenen aus dem Land- und Seeleben sowie Jagdmotive, die in ein rechtwinkliges Rahmensystem eingefügt sind. Verantwortlich für die Innenausstattung war Christoph Parr, ein Bruder des Baumeisters.

5

Gotik

Wiesenkirche Soest / Münster Freiburg / St. Nikolai Stralsund / Heilig-Geist-Hospital Lübeck / Dom Köln / Dom Magdeburg

»Maniera dei goti« (die Art der Goten) nannten italienische Kunsttheoretiker des 15. und 16. Jahrhunderts alles, was nach ihrer Einschätzung barbarisch und ungeschlacht war. Vor allem die mittelalterliche Kunst des Nordens galt ihnen, die sie das klassische Erbe wiederbeleben wollten, als minderwertig. Erst als die Romantiker gegen Ende des 18. und zu Beginn des 19. Jahrhunderts die Architektur vor der Renaissance neu entdeckten, setzte eine positive Wertung dieser Epoche ein. Der verächtliche Name blieb allerdings bestehen.

Heute wird die Kunst des späteren Mittelalters als gotisch bezeichnet, obwohl ihre Entwicklung – je nach Region – unterschiedlich verlief. Konnte man in Frankreich erste Anzeichen gotischer Stilformen schon ab 1140 beobachten, fand in Deutschland der Umbruch von der Spätromanik zur Frühgotik erst während des 13. Jahrhunderts statt. Das gleiche Problem stellt sich für das Ende der Stilepoche: Während Michelangelo in Italien die Architektur der Renaissance zu voller Blüte brachte, wurden in anderen Ländern noch kühne spätgotische Hallenkirchen errichtet.

Die Definition des Begriffes »Gotik« hat sich daher in der Architektur weniger an Datierungen als an konstruktiven Details wie Spitzbogen und Kreuzrippengewölbe festgemacht. Sie sind jedoch nur Teil eines ästhetischen Gesamtkonzepts, dessen Ziel die Auflösung der Wand, die Durchdringung des Raums mit Licht ist. Diese »Entmaterialisierung« ist nicht nur formal zu verstehen, sie ist Vergegenwärtigung mystischer Ideen, wie sie in der zeitgenössischen Literatur und Philosophie entwikkelt wurden. Gleichzeitig war das Auftreten der Gotik in Frankreich an die Festigung der Monarchie gebunden; die Kathedralen, die den neuen Stil über das französische Territorium verbreiteten, standen in enger Beziehung zum Hof. Ebenso wichtig waren die Reformorden: Durch die **Zisterzienser,** deren Klostertypus nahezu unverändert in alle Winkel des Abendlandes exportiert wurde, erhielten gotische Formvorstellungen europaweit Geltung. Die Umsetzung technischer und künstlerischer Prinzipien oblag den Bauhütten, in denen Architekten, Steinmetze, Bildhauer und Kunsthandwerker zusammenarbeiteten. Sie bestanden mitunter über Generationen und kommunizierten untereinander, so daß lokale Stile über weite Distanzen vermittelt wurden.

Konstruktiv prägend für die Architektur der Gotik war das Skelettsystem, das es erlaubte, weitere und höhere Räume zu wölben, ohne daß die Grundmauern wesentlich verstärkt werden mußten. Der Schub der zwischen Rippen aufgemauerten Gewölbe, der Druck der mit Fenstern aufgelösten Wände leitet sich dabei über Strebebögen und Strebepfeiler nach außen ab. Der Innenraum wird zu einem gläsernen Schrein, begrenzt nur durch die filigranen Strukturen der Gliederungselemente. Gegenüber dem schwerfälligen gebundenen System der Romanik »verschnellert« sich die Abfolge der Joche; auch kompliziertere Grundrißformen, etwa im Chorumgang, ließen sich nun mit Hilfe des Spitzbogens überwölben. In der Normandie wurde die Zweischaligkeit der Wand entwickelt: Während die innere Schicht durch Arkaden, Dienste und Mauerprofile aufgelöst ist, erscheint dahinter die äußere, raumbegrenzende Schale als Folie. Weite Fenster, später auch Wandflächen, wurden mittels Maßwerk, einem aus geometrischen Grundelementen abgeleiteten Bauornament, gegliedert; aus relativ einfachen Formen entwickelte es sich zu einem verwirrenden Gespinst der Linien. Dasselbe galt für die Gewölbe, deren Konstruktionen im 15. und 16. Jahrhundert zu aufregenden statischen wie ästhetischen Lösungen führten.

In Deutschland setzten sich die eben genannten Stilmerkmale zunächst nur sehr langsam durch. 1202 errichteten die Zisterzienser in **Heisterbach** bei Bonn eine Kirche, die sich am Vorbild des zweiten Baus von **Clairvaux,** dem burgundischen Stammkloster des Ordens, orientierte. In **Maulbronn** begann man ab 1220 die romanische Abtei mit frühgotischen Umbauten zu verändern; im Paradies, der Eingangshalle, und im Männerrefektorium wurden Rippengewölbe über hohen, unterschiedlich starken Säulen errichtet. Im Kathedralbau hielt dagegen noch lange die Faszination der romanischen Kaiserdome an; erst Mitte des 13. Jahrhunderts begann man, die in Frankreich entwickelten Formen zu übernehmen. Zunächst vermischte sich die staufische Romanik mit gotischen Konstruktionstechniken – die Dome in Mainz, Worms, Bamberg und Naumburg sowie einige der Kölner Kirchen wurden unter Verwendung romanischer Grundstrukturen mit Spitzbögen und Rippengewölben errichtet.

Um 1235 schließlich entstanden gleichzeitig zwei Bauten, die den vollentwickelten gotischen Stil in Deutschland einführten: der Zentralbau der **Trierer Liebfrauenkirche** und die **Elisabethkirche in Marburg,** deren Baubeginn mit der Heiligsprechung der in der Kirche bestatteten Namenspatronin zusammenfiel. In der dreischiffigen Hallenkirche mit Kleeblattchor (Dreikonchenchor) sind die Wände durch zwei Fensterreihen weitgehend aufgelöst; ein Skelett von Strebepfeilern stützt die dünnen Mauern. Die hohen Pfeiler des Langhauses tragen vierteilige Gewölbe, deren Gurt- und Schildbögen von Diensten (Säulenvorlagen) aufgenommen werden. Obwohl der Typus der Hallenkirche westfälisch ist und Kleeblattchöre der rheinischen Romanik entstammen, wird die Elisabethkirche ihrer Proportionen und Durchlichtung wegen als wichtiger Übermittler der französischen Gotik angesehen.

Die folgende Generation deutscher Bauten orientierte sich bereits am Typus der hochgotischen Kathedralen, wie sie Reims, Amiens und das unvollendete Beauvais darstellen. Ihnen ist ein noch stärkerer Höhenzug eigen: Die Horizontalität der Geschosse wird durch vom Boden bis zum Gewölbe durchlaufende Dienste negiert, die Durchlichtung noch weiter gesteigert, in dem selbst die Rückwand des Triforiums Fenster erhält. Der **Kölner Dom,** zu dem 1248 der Grundstein gelegt wurde, verkörpert diese Prinzipien am reinsten, obwohl sein Bau erst im 19. Jahrhundert vollendet werden konnte. Filigran und nahezu schwerelos steigt das Langhaus des fünfschiffigen Baus auf, der in einem Umgangschor mündet. Mit 43 Meter Höhe übertrifft der Dom sogar sein Vorbild in Amiens. Der Eintretende wird mit seinem Blick emporgezogen in eine überirdisch anmutende Atmosphäre.

Während der Kölner Dom auch mit seinen zwei das Stadtbild beherrschenden Türmen französischen Vorbildern folgte, fand man im süddeutschen Raum, vor allem für Stadtpfarrkirchen, eine andere Lösung: Im **Freiburger Münster,** später auch in Eßlingen und Ulm, ließen die Patrizier die Fassade des Baus mit einem einzigen, alles andere überragenden Turm bekrönen, dessen steinerner Helm vollkommen von Maßwerk durchbrochen ist. Eine ganz andere Ästhetik entwickelte sich in Norddeutschland, wo der Backstein den Naturstein als Baumaterial ersetzte. Vor allem im Ostseegebiet entstanden im 13. und 14. Jahrhundert herausragende Bauten, die in der Forschung unter dem Begriff »Backsteingotik« zusammengefaßt werden. Sie spiegeln die Prosperität der expandierenden Handelsstädte wider. Den Eigenheiten des Werkstoffs entsprechend, verzichten sie weitgehend auf skulpturale Elemente, schmücken sich dafür jedoch mit klaren Strukturen, kühnen Proportionen und flächiger, dekorativer Ornamentik. **St. Marien in Lübeck,** die Zisterzienserkirchen in Doberan und Chorin sowie das Ensemble von **Nikolaikirche und Rathaus in Stralsund** sind die schönsten Beispiele dafür. Obwohl die entscheidenden Entwicklungen der gotischen Baukunst im Sakralbau stattfanden, übernahm der Profanbau dessen Stilelemente und paßte sie den neuen Bauaufgaben an. Rathäuser, Spitäler, Bürgerbauten schmückten sich mit Türmen, Giebeln, Fialen und Maßwerkformen; Tuchhallen konkurrierten mit Kapitelsälen und Refektorien. Besonders prächtig gestaltete der Deutsche Ritterorden seine Burgen im preußischen Staatsgebiet: Der große Remter der Marienburg, ein Festsaal mit weiten Sterngewölben, stand am Beginn der Spätgotik und vermittelte gotische Bauformen nach Osten.

Bahnbrechend für die weitere Entwicklung wurde allerdings ein süddeutscher Sakralbau, die **Heiligkreuz-Kirche in Schwäbisch-Gmünd.** Gleichfalls im späteren 14. Jahrhundert errichtet, manifestiert sich in ihr ein völlig neues Raumgefühl: An eine niedrigere dreischiffige Halle schließt sich ein ebenfalls hallenartiger Umgangschor mit Kapellen an; schlanke Rundpfeiler gehen organisch in das dekorative Netzgewölbe über, das allerdings erst im 16. Jahrhundert vollendet werden konnte. Der Raum wirkt leicht und weit, die Unterteilung in Schiffe scheint aufgehoben. Dem grandiosen Inneren entgegengesetzt ist die relativ schlichte Giebelfassade. Heinrich Parler, der Vater des berühmten Peter Parler, der bald darauf den Veitsdom in Prag errichtete, entwarf das Konzept für Schwäbisch-Gmünd. – Auch die 1331 gegründete **Wiesenkirche in Soest** ist eine Hallenkirche: Hier laufen die zierlichen, profilierten Stützen ohne Absatz in die Gewölberippen. Der Raum ist konsequent vereinheitlicht.

Die in Schwäbisch-Gmünd und Prag gefundenen Lösungen wurden im 15. Jahrhundert weiterentwickelt. In Landshut und Straubing baute **Hans Stethaimer** ebenso monumentale wie »luftige« Hallenkirchen, in Nördlingen, Dinkelsbühl und im Chor der Nürnberger Lorenzkirche entstanden lichtdurchflutete Innenräume mit dekorativen Gewölben. Ein einzigartiger Backsteinbau wurde um 1500 mit der Marienkirche in Danzig vollendet. Bevor sich die an antiken Vorbildern orientierte Baukunst der Renaissance durchsetzte, entstanden also noch einmal Meisterwerke gotischer Architektur.

Zu den stilistischen Umbrüchen am Ende des Mittelalters gesellte sich eine soziologische Veränderung, die für die Kunstgeschichte große Bedeutung erlangen sollte: In den letzten Jahrzehnten des 14. und im 15. Jahrhundert trat die Persönlichkeit des Architekten aus der Anonymität heraus. Die Familie der **Parler,** deren Name sich wahrscheinlich von der Berufsbezeichnung »Parlier« herleitet, ist nur das prominenteste Beispiel für eine Entwicklung, die hin zur Anerkennung der Künstlerpersönlichkeit und damit zu einem neuzeitlichen Kunstverständnis führte.

Die Wiesenkirche in Soest, *wahrscheinlich 1331 begonnen, übersetzt den Typus der romanischen Hallenkirchen Westfalens in eine hochgotische Formensprache. Im Gegensatz zum Kölner Dom erscheint das Äußere bewußt schlicht; es wirkt hauptsächlich durch seine Proportionen (2). Auch das Innere ist nur sparsam dekoriert, besticht aber durch seine elegante Linienführung. Wegen des großen Stützenabstandes wirkt der Raum weit und einheitlich, obwohl er sich in drei Schiffe gliedert (3). Die Pfeiler, im Kern rund, haben dünne Rippenprofile, die ohne Unterbrechung bis ins Gewölbe durchlaufen. Dieses System wurde auch bei den massiven Turmunterbauten beibehalten (1), bei denen selbst die ungegliederten Pfeilerpartien mit den Gewölbekappen verschmelzen. Daß die Baumeister von Soest gleichwohl wußten, wie raffiniert geschnittenes gotisches Maßwerk aussah, demonstrierten sie am reichgegliederten Bogenfeld des Südportals (4).*

1

2

3

4

Das Freiburger Münster *wurde als städtische Pfarrkirche erbaut. Im romanischen Stil begonnen, überwogen schließlich die gotischen Partien, zu denen auch die Spitze des um 1320 vollendeten Westturms (1 und 3) gehört. Fast übergangslos entwickelt sich die achteckige, durchbrochene Pyramide aus dem steilen Untergeschoß, das selbst schon vollständig geöffnet ist. Wo sich der Helm und sein Sockel berühren, werden dessen scharfkantige Streben von einem Fialenkranz überhöht, der mit den hohen Wimpergen wie eine Krone wirkt. Aufgrund seiner originellen und qualitätvollen Gestalt wurde der Turm schon im Mittelalter immer wieder kopiert.*

1

Der zwischen 1354 und 1513 errichtete Chor gehört bereits der Spätgotik an. Die Formen sind weniger einheitlich: Außen wird ein Kontrast zwischen kräftigen Strebepfeilern, hauchdünnen Strebebögen und geschlossenen Wandflächen gesucht (2), den Innenraum überspannt ein vielteiliges Netzgewölbe mit teilweise geschwungenen Diensten (4). Gurtbögen, welche die Jochteilung der Wände aufgreifen könnten, fehlen. Statt dessen wird der Eindruck erweckt, als würde das Gewölbe nur noch von Diensten getragen, ohne die Außenmauern zu berühren. Aufgemalte Jahreszahlen geben Aufschluß über Fertigstellungs- und Restaurierungsdaten.

2

3

4

Rathaus und Nikolaikirche in Stralsund *bilden bis heute die wohl eindrucksvollste Bautengruppe der Backsteingotik in den Hansestädten. Hinter der hohen, kulissenartigen Schirmfassade des Rathauses, welches selbst wie eine Reihung von Bürgerhäusern erscheint (3), erhebt sich das mächtige Doppelturmmassiv der Ratskirche. Die komplizierte Baugeschichte des Ensembles reicht vom 13. bis ins 15. Jahrhundert. Die ältesten Teile dürften die Arkaden im Innenhof des Rathauses sein, dann folgen der Chor der Kirche, ihre Fassaden und zuletzt die Schildwand des Rathauses.*

1

Die Stilwahl orientierte sich bei den ältesten Bauteilen noch an der üblichen Gattungshierarchie: reicheste Formen im Chor der Kirche, die aufwendig wie eine Kathedrale nach dem Vorbild von St. Marien in Lübeck gebaut wurde (2 und 4), schlichte Gliederungen beim Profanbau des Rathauses (5). Bis zum Ende der Bauzeit hatte sich das Verhältnis umgekehrt: Erhielt die Kirchenfassade nun noch eine zwar prächtige, aber vergleichsweise konservative Blendarkatur, so wurde beim Rathaus keine Gelegenheit zu einer Feinabstufung der Oberfläche ausgelassen; in die Giebel fügte man sogar filigrane Rosetten aus Metall ein (1).

2

3

4

5

Das Heilig-Geist-Hospital in Lübeck *ist eine der ältesten und besterhaltenen Anlagen ihrer Art. Das Spital wurde um 1260 vom Stadtrat errichtet, der die Krankenfürsorge nicht allein dem vom Bischof beauftragten Klerus überlassen wollte. Gleichwohl dominiert die Kirche die Fassade (1); der langgestreckte Krankensaal verbirgt sich dahinter (2).*

Auch heute zeigt sich die in der zweiten Hälfte des 13. Jahrhunderts errichtete Kirche noch weitgehend in ihrer ursprünglichen Form. Die dreiteilige Giebelfront mit ihren hoch aufragenden, bleistiftartigen Türmen nähert sich der Architektur von Profanbauten an. Hingegen könnte sich das fein abgestufte Gewände des Mittelportals mit seinen naturalistischen Laubwerkkapitellen (4) auch an einer vornehmen Kirche finden. Im Inneren des Baus lassen sich die mittelalterlichen Veränderungen des Spitals deutlich ablesen: Ursprünglich gingen Sakral- und Krankenraum ineinander über und waren nur durch den breiten Lettner getrennt. Erst später wurden beide durch eine Mauer geschieden, die auf der zur Kirche gewandten Seite figürliche Fresken erhielt (3). Wie sich an der Darstellung des hl. Christophorus erkennen läßt, wurden diese beschädigt, als man kurz vor 1500 die Kirche mit einem Sterngewölbe (5) versah.

1

2

3

4

5

Der Kölner Dom, *1248 begonnen und Hauptwerk der französisch geprägten Hochgotik in Deutschland, wurde im 19. Jahrhundert zum Inbegriff mittelalterlicher Architektur. Die fünfschiffige Anlage erhob sich an einem Ort, an dem seit der Antike Tempel und Kirchen gestanden hatten. Vorbild vor allem für die Chorpartie mit Umgang und Kapellenkranz (2) war die Kathedrale von Amiens.*

Nach der Weihe des Chores im Jahr 1322 erlahmte der Baueifer, so daß der Dom ab 1560 als gewaltiger Torso stehenblieb. Erst nachdem 1842 die Originalpläne für die Fassade gefunden worden waren, begann man mit dem Weiterbau. Die heutigen Turmhelme (1) sind eine exakte Kopie dessen, was im Mittelalter geplant war.

1

2

3

An den Strebepfeilern des Langhauses und an den mittelalterlichen Untergeschossen des Südturms (3) zeigt sich die typisch gotische, vollständige Aufgliederung aller Wandflächen. Unterhalb des filigranen Ornaments ist die Massivität der Mauerkerne kaum zu erahnen.

Von den ursprünglich wohl neun geplanten Haupteingängen konnte im Mittelalter nur das Petrusportal (4) vollendet werden.

4

Da es in einer tiefen Nische zwischen zwei Strebepfeilern liegt, erhielt es einen hohen Wimperg, der die hinteren Fassadenteile kulissenartig verdeckt. Zwischen den Giebelschrägen spannt sich ein feinteilig durchbrochenes Maßwerknetz. Trotz des fast floral wirkenden Musters sind die Einzelformen geometrisch konstruiert. Die Subtilität der gotischen Architektur erreicht in solchen Details ihren Höhepunkt.

Der Magdeburger Dom, *1209 anstelle des zwei Jahre zuvor abgebrannten ottonischen Vorgängers begonnen, zeigt erstmalig in Deutschland den Bauplan einer gotischen Kathedrale nach französischem Muster. Zu den ältesten Teilen gehören der mehrgeschossige Umgangschor und die massiven, noch spätromanisch wirkenden Langhauspfeiler (2 und 4). Schon der erste Bauherr, der energische Erzbischof Albrecht von Kefernburg, veranlaßte mehrere Planwechsel, um den Bau zu vergrößern und stets den modernsten Vorstellungen anzupassen. So wurde der Chor nach oben hin immer lichter, und das Langhaus, das 1363 geweiht wurde, erhielt schließlich trotz der kräftigen Stützen leichte Rippengewölbe (1).*

Auch im kleinen läßt sich der Stilwandel ablesen: Die sechzehneckige Marienkapelle des frühen 13. Jahrhunderts (4) besitzt noch einzelne, schematisch voneinander getrennte Wandfelder, während bei der jüngeren Vorhalle des nördlichen Querarmes (5) die architektonische Gliederung feinteiliger wird und mit der Skulptur, den hocheleganten Jungfrauen, verschmilzt. Ebenso filigran ist das Westportal (3), das zwischen zwei massive Türme eingespannt ist.

1

2

3

4

5

Romanik

Dom Limburg / Klosterkirche Jerichow / Wartburg Eisenach / St. Aposteln Köln / Klosterkirche Maria Laach / Dom Speyer

Um die Mitte des 11. Jahrhunderts »bedeckte sich Europa mit dem weißen Kleid steinerner Kirchen«, wie ein Chronist berichtete. In nur wenigen Jahrzehnten entstanden im gesamten Abendland Tausende von Klöstern und Gotteshäusern, Wehr- und Palastbauten, die trotz regionaler Eigenheiten ein erstaunlich einheitliches Aussehen aufwiesen und sich deutlich von der Baukunst der karolingischen und ottonischen Zeit unterschieden. Die Ablösung des Holzbaus durch den dauerhafteren und repräsentativeren Steinbau ist nur das oberflächliche Kennzeichen dieses Umbruchs; ausschlaggebend war das gesteigerte Bedürfnis nach Monumentalität, klarer Gliederung der Baukörper und rhythmischer Gestaltung der Wandflächen.

Die enorme Steigerung der Bautätigkeit und die Herausbildung eines neuen Stils sind Folgen mehrerer Faktoren: Die tiefe Volksfrömmigkeit im Zeitalter der Pilgerfahrten und Kreuzzüge, der Reliquienkult und die wachsende Zahl der Kleriker hatten mehr und größere Gotteshäuser erforderlich gemacht. Die Reformbewegungen der Orden, allen voran des burgundischen Klosters von **Cluny,** propagierten strenge, nahezu asketische Lebensformen, die jene mit ihren Sendboten in alle Lande transportierten. Im Gegenzug ließ die Verbindung von geistlicher und weltlicher Macht im deutschen Reich Bauten entstehen, die göttliche wie kaiserliche Autorität gleichermaßen verkörperten. Letztlich führten die Entwicklung der Wirtschaft, das Bevölkerungswachstum und die Herausbildung des Feudalsystems zu einer Differenzierung der mittelalterlichen Stadtstruktur und damit zur Formulierung neuer Bauaufgaben. Dieser »Boom« ließ sich nur mit Hilfe professioneller Organisation meistern: Es entstanden Bauhütten mit erstaunlicher Effizienz, die zur Verbreitung regionaler Stilmerkmale beitrugen. In der sorgfältigen Behandlung des Steins und der Qualität der Bauplastik werden die hohen handwerklichen Ansprüche dieser Werkstätten deutlich.

Die Romanik prägte die europäische Baukunst bis ins späte 12., in Deutschland sogar bis in das 13. Jahrhundert hinein. Ihr Name hat sich um 1820 eingebürgert, als man erkannte, daß ein Teil ihres Formenrepertoires der römischen Kunst entlehnt worden war. In Deutschland werden im wesentlichen drei Stilphasen unterschieden: Die Frühromanik des 11. Jahrhunderts formulierte die Grundstrukturen vor allem des Sakralbaus. In der Zeit der Hochromanik, etwa ab dem Jahr 1100, wurde mit der durchgängigen Wölbung der bis dahin flachgedeckten Bauten und einer stärkeren plastischen Durchbildung des Baukörpers begonnen; im Außen- wie im Innenbau war die Wand nun in verschiedene Schichten aufgelöst; Galerien, Emporen und Laufgänge höhlen die vorher massiven Mauern aus. Im späten 12. und frühen 13. Jahrhundert, einer Zeit, als in Frankreich bereits mit dem »gotischen« System experimentiert wurde, entstanden die großen, differenziert gegliederten und reich dekorierten Dome des Rheinlands. Die gekonnte Zusammenfügung ihrer Baukörper, die charakteristischen Turmgruppen, die plastischen Schmuckformen ließen sie zur Verkörperung der »Reichskirche« und zum romantischen Inbegriff des deutschen Mittelalters werden.

Die Entwicklung der romanischen Baukunst war aufs engste mit dem Bestand des Heiligen Römischen Reiches verbunden, insbesondere mit den Dynastien der Salier und Staufer. So verwundert es nicht, daß Deutschland neben Frankreich eine Führungsrolle in der Ausbildung dieses Stils zukommt. Unmittelbar nachdem der erste Salier, Konrad II., zum König gewählt worden war, entstand in **Limburg an der Haardt** ab 1025 der erste Kirchenbau, der durch die Straffung der Struktur und die Präzisierung der Wandgliederung die neuen Raumvorstellungen verkörperte: Den Grundriß bestimmt das Modul des Vierungsquadrates, das den Jochen in Langhaus, Chor und Querhaus zugrunde liegt. Je einem Mittelschiffsjoch entsprechen dabei zwei Quadrate halber Seitenlänge in den Seitenschiffen. Mittels eines »Stützenwechsels«, der Abwechslung von Säule und Pfeiler, wurden Haupt- und Nebenstützen gekennzeichnet. Dieses sogenannte gebundene System wurde zu einem der Kennzeichen romanischer Kirchen. Wenig später ließ

Heinrich III. als aufwendigsten Profanbau das »Kaiserhaus« der Goslarer Pfalz errichten, den mit zwei übereinanderliegenden Räumen von je 47x15 Meter Fläche größten Saalbau romanischer Zeit.

Wichtigstes und zugleich größtes Monument dieser Epoche wurde der **Dom zu Speyer,** der zur Grablege der Salier und später der Staufer bestimmt war. Unter Konrad II. 1030 begonnen und 1061 geweiht, wurde er unter Heinrich IV. verändert, d. h. eingewölbt – der ursprüngliche Bau war flachgedeckt. Beibehalten wurde die dreischiffige, basilikale Anlage mit mächtigem Westbau, ausladendem Querhaus und rundgeschlossenem, höherliegendem Chor. Unter den östlichen Jochen des Langhauses liegen die Herrschergräber, daran schließt sich die weiträumige Hallenkrypta an, deren Säulen massive Würfelkapitelle tragen. Im Aufriß treten die romanischen Gliederungsmotive klar zutage: Arkaden und Fenster werden durch eine Kolossalordnung zusammengefaßt. Dies war technisch wie ästhetisch bahnbrechend: Entgegen der massiven, schweren, die Horizontale betonenden Konstruktionsweise bisheriger Bauten wurde in Speyer die Wand skelettartig aus Stützen und nichttragenden Füllmauern aufgebaut. Die Wandfläche ist in verschiedene Schichten aufgelöst, die von überfangenden Bögen verklammert werden. Ein lombardisches Element ist die die Apsis umziehende Zwerggalerie. Vielgliedrige Turmgruppen und reiche Dekoration unterstreichen die außerordentliche Bedeutung dieser »Reichskirche«.

In der Folge von Speyer entstanden weitere Sakralbauten, die von der hohen Qualität und Geschlossenheit der deutschen Frühromanik zeugen: **St. Aposteln** und Sta. Maria im Kapitol **in Köln,** der Westbau des Essener Münsters, die Dome in Bamberg, Mainz und Trier. Sie alle erfuhren jedoch im Lauf des folgenden Jahrhunderts »Überarbeitungen«, Indiz für ihre Bedeutung und die Aktualität, mit der man Bauformen gegenübertrat. Die Kirche Sta. Maria im Kapitol wurde maßgeblich für eine Besonderheit der Kölner Sakralarchitektur: Mit ihrem wohl aus spätantiken Vorbildern abgeleiteten Kleeblatt- oder Dreikonchenchor wurde die Ostpartie des Baus zentralisierend zusammengefaßt. Von stilistischen Neuerungen abgesehen, manifestierte sich mit den letztgenannten Domen eine Verlagerung der Machtzentren: Während unter ottonischer Herrschaft der Schwerpunkt der Bautätigkeit im sächsischen Raum gelegen hatte, trat nun das Rheinland als Heimat der salischen Dynastie in den Vordergrund.

Die **Klosterkirche von Maria Laach,** 1093 gestiftet, wurde im frühen 12. Jahrhundert vollständig gewölbt. Die doppelchörige Anlage mit ihren sich raumgreifend staffelnden Baugruppen wird durch Gliederungselemente wie Lisenen, Rundbögen und Blendarkaden äußerlich zusammengefaßt. Reminiszenz an frühchristliche Kirchen ist das aus spätstaufischer Zeit stammende Atrium, Versammlungsraum der noch nicht getauften Gläubigen. In anderen Klosterbauten machte sich der Einfluß der Reformen von Cluny deutlich bemerkbar. Die **»Hirsauer Bauschule«,** benannt nach dem Württemberger Konvent St. Peter und Paul in Hirsau, verzichtete auf Wölbung und Krypta und gliederte den Innenraum stärker nach der Funktion seiner Bereiche. Mönchskirche und Laienkirche wurden durch eine Mauer getrennt, die Nebenräume stark differenziert. Auch hier ist ein Atrium vorangestellt. Dieser Typus fand vor allem in Sachsen und Thüringen Verbreitung. Von Hirsauer Gedanken beeinflußt ist die **Klosterkirche in Jerichow** in der Mark Brandenburg, ein schlichter Raum mit bestechend klarer Linienführung. Erstmalig wurde der gesamte Bau in Backstein ausgeführt. In Westfalen setzte sich eine andere Raumauffassung durch: Hier bevorzugte man breitgelagerte, überwölbte Hallen mit kuppelig ansteigenden Rippengewölben.

Erst in der Mitte des 12. Jahrhunderts begann sich der Wölbungsbau allenthalben durchzusetzen. Nach den einfacheren Tonnen- und Kreuzgratgewölben hatte sich in der Normandie seit etwa 1100 das System der Kreuzrippen entwickelt, das es erlaubte, über den massiven, die Last tragenden Rippenbögen leichtere Kappen zu mauern und so das Stützsystem wesentlich in seiner Stärke zu reduzieren. Über das Elsaß kam diese Neuerung nach Deutschland, wo sie beim Bau des Braunschweiger Doms erstmals konsequente Anwendung erfuhr.

Gegen 1200 wurde der rheinische Raum erneut zum Zentrum des Baugeschehens: St. Aposteln und Groß St. Martin erhielten neue Choranlagen nach dem Vorbild von Sta. Maria im Kapitol; erste spitzbogige Kreuzrippengewölbe traten auf. Die »Kaiserdome« salischer Zeit wurden überarbeitet, gewissermaßen technisch und stilistisch aktualisiert, in dem man sie wölbte und den Außenbau stärker akzentuierte. Der Bamberger Dom, dessen Neubau 1217 begann, zeigt bereits eine erste Auseinandersetzung mit der französischen Frühgotik: Die dreischiffige Basilika mit den beherrschenden Turmgruppen erhielt in romanischer Tradition zwei Chöre, deren unterschiedliche Ausgestaltung den Wandel von romanischen zu frühgotischen Formvorstellungen veranschaulicht. Im Osten dominieren Zwerggalerie und Rundbogen, im Westen finden sich spitzbogige Fenster, filigrane Strukturen und »gotische« Knospenkapitelle. Joch für Joch läßt sich die Entwicklung von Ost nach West verfolgen, selbst die Kreuzrippengewölbe des Westchorjoches sind fortschrittlicher als die des Langhauses.

Der malerisch die Landschaft überragende **Limburger Dom** dokumentiert den Übergang zur Gotik. In seiner Schwere noch romanisch, wird der Innenraum bereits in differenzierte Schichten aufgelöst. In den vier Geschossen variieren Spitzbogenarkaden, die Wand ist ersetzt durch ein System von Stützen und Füllmauern, die sich räumlich staffeln und vom Licht durchdrungen werden. Die Vorbilder für diese sich immer mehr »entmaterialisierende« Architektur kamen aus Frankreich, in diesem Fall aus der Kathedrale von Laon.

Der Limburger Dom markiert das Ende der Romanik und die Durchsetzung einer neuen Formensprache.

Der Dom zu Limburg *entstand in der ersten Hälfte des 13. Jahrhunderts. Die malerisch über der Lahn gelegene Stiftskirche zählt zu den Höhepunkten der rheinischen Romanik an der Schwelle zur Gotik. Im Inneren des dreischiffigen Baus mit breitem Querhaus und Umgangschor werden französische Einflüsse deutlich (1): Die Wand ist in vier Geschosse unterteilt, über den Arkaden folgen Emporen, Triforium und Obergaden – ein System, das ihr Vorbild in der Kathedrale von Laon hat. Quadratische Pfeiler mit schlanken Diensten tragen sechsteilige Rippengewölbe, die bereits mit Spitzbogen errichtet wurden.*

Insgesamt sieben Türme dominieren den Außenbau (2); er ist in romanischer Tradition plastisch reich durchgliedert und farbig gefaßt. Die architektonischen Elemente – Lisenen, Bogenfriese, Fensterrahmungen – sind seit der Restaurierung wieder mit Gelb, Rot und Schwarz zu sehen; die Bruchsteinflächen blieben weiß verputzt (3 und 4). Besonders eindrucksvoll ist die große Fensterrose über dem Portal, auch sie ein Motiv aus Laon.

1

2

3

4

Die Klosterkirche von Jerichow *in der Mark Brandenburg wurde um 1200 vollendet. Die flachgedeckte romanische Basilika mit Doppelturmfassade ist in Backstein ausgeführt und damit ein frühes, herausragendes Zeugnis ihrer Gattung (1). Die Kirche war Teil eines Prämonstratenserstifts, das 1144 zur Besiedlung des Havellandes gegründet worden war. Der aus Prémontré in Nordfrankreich stammende Orden hatte in Magdeburg eine wichtige Niederlassung. Von hier aus erschloß er das Gebiet zwischen Elbe und Oder.*

1

Klare, monumentale Formen prägen das Erscheinungsbild der Kirche; einziger Schmuck ist die meisterhafte Verarbeitung des Backsteins. Am Außenbau treten nur wenige Dekorationselemente hervor: Oberitalienische Einflüsse verraten die Bogenfriese an Chor und Querhaus; übereck gestellte Ziegel, »Zahnschnittfries« oder »deutsches Band« genannt, betonen die Waagerechten (3). Italienische Vorbilder waren vermutlich auch für den Aufbau des Innenraums (2) ausschlaggebend: Der Ostteil ist erhöht, so daß aus dem Mittelschiff die Krypta und der hell durchlichtete Chor zugleich sichtbar sind. Wie in St. Michael in Hildesheim ist die Vierung durch monumentale Bögen abgesetzt.

2

3

4

Im Gegensatz zu den schlichten, schmucklosen Säulenkapitellen im Langhaus gehören die Kapitelle der Krypta zu den eigenwilligsten Schöpfungen ihrer Zeit in Deutschland: Ein Doppelkapitell zeigt stark ornamentalisierte Schnecken- und Muschelformen (4), ein anderes Palmetten- und Diamantbänder mit Masken an den Ecken (5).

5

Die Wartburg bei Eisenach *wurde der Sage nach im Jahr 1067 von Graf Ludwig dem Springer gegründet; der älteste Teil der Anlage, der spätromanische Palas, läßt sich allerdings »nur« auf die Wende des 12. zum 13. Jahrhundert zurückverfolgen. Historische Ereignisse wie der »Sängerkrieg« (1206/7), der Aufenthalt des Reformators Martin Luther (1521/22) und das erste Wartburgfest der Burschenschaften (1817) ließen den Wehrbau zu einem deutschen Nationalmonument werden. In diesem Sinne wurde die Wartburg im 19. Jahrhundert historisierend umgestaltet (1).*

1

2

Die Wartburg präsentiert sich als Ensemble verschiedener Epochen: Der Palas, der ursprünglich zweistöckige, rechteckige Wohnbau der ludowingischen Burg, wurde zwischen 1190 und 1220 errichtet. Er öffnet sich zum Hof hin in Gruppen von vier bzw. im ersten Stock von fünf Arkaden (2). Lisenen, Rundbogenfriese und Überfangbögen (3) schaffen ein dezentes, aber eindrucksvolles Fassadenrelief. Die Kapitelle der Arkadensäulen (von mehr als 200 haben sich noch etwa 80 original erhalten) sind reich mit Fabelwesen und ornamentalen Formen ausgeschmückt.

3

Vom 12. bis zum 15. Jahrhundert wurde die Burg um zahlreiche Annexbauten erweitert: Ritterhaus, Vogtei und Torhaus wurden im Mittelalter errichtet, aber sämtlich historistisch umgestaltet. Die Innenausstattung stammt fast ganz aus dem 19. Jahrhundert: Moritz von Schwind schuf hier 1854/55 einen Freskenzyklus im »Sängersaal« und in der Galerie, der die Geschichte der Wartburg illustriert; auch der große Festsaal im dritten Geschoß wurde 1867 ausgestaltet.

St. Aposteln in Köln, *eine der großartigen romanischen Kirchen Kölns, hat eine komplizierte Baugeschichte hinter sich: Um 1020 begonnen, wurde die zunächst flachgedeckte Pfeilerbasilika mit Querschiff und quadratischem Westchor gegen Ende des 12. Jahrhunderts »modernisiert«: Nach den Vorbildern von Groß St. Martin und St. Maria im Kapitol (beide ebenfalls in Köln) erhielt die Kirche ihren charakteristischen Ostabschluß in Form eines Kleeblattchores mit achteckiger Kuppel und Ecktürmen (1). Der einem Zentralbau nahekommende Bautyp läßt sich wahrscheinlich auf byzantinische Kreuzkuppelkirchen zurückführen. Hier bildet er nun die beeindruckende Fassade zum Neumarkt.*

1

Wie bei allen Bauten der rheinischen Romanik ist der Außenbau lebhaft durchgliedert: Zwischen die Mauerschalen sind Zwerggalerien eingelassen, die den ganzen Baukörper umziehen (2 und 3) und die Wand plastisch auflösen. In derselben zweiten Bauphase wurden bis etwa 1230 Mittelschiff und Querhaus mit Rippengewölben (4 und 5) geschlossen; die Seitenschiffe erhielten Kreuzgratgewölbe. Der Bau in seiner heutigen Erscheinung ist Folge zahlreicher Eingriffe: Bei einer grundlegenden Restaurierung wurde im 19. Jahrhundert erstmals der Außenbau übergangen, nach schweren Schäden im Zweiten Weltkrieg mußten große Teile des Komplexes wiederaufgebaut werden. Von der aufwendigen Innenausstattung sind lediglich zwölf hölzerne Apostelstatuen erhalten.

2

3

4

5

Die Abteikirche von Maria Laach *wurde 1093 gegründet, konnte jedoch erst um 1220/30 vollendet werden. Mit ihrem trutzigen Äußeren und ihrer abgeschiedenen Lage gilt sie als Inbegriff der romanischen »Gottesburg« (3). Die Staffelung verschiedener kubischer Bauelemente verleiht der Klosterkirche ihr charakteristisches Aussehen. Die zwei Turmgruppen im Osten und Westen, das Langhaus mit den beiden unterschiedlich breiten Riegeln der Querhäuser und die Front des »Paradieses« (1, 2), der offenen Vorhalle, addieren sich zu einem wuchtigen Baukomplex von nahezu klassischer Harmonie.*

Die Kombination von graublauer Basaltlava und graugelbem Eifeltuff – beides heimische Materialien – schafft lebhafte farbliche Akzente. An der Außenseite des Paradieses finden sich herausragende Kapitelle aus der Schule des »Samson-Meisters« (5) vom Beginn des 13. Jahrhunderts. Das Innere der Kirche (4) ist nüchtern und klar; ihr Hauptschiff und die beiden Seitenschiffe sind kreuzgratgewölbt.

1

2

3

4

5

Der Dom zu Speyer, *Grablege der salischen Kaiser, ist ein Schlüsselwerk romanischer Baukunst in Deutschland. Unter König Konrad II. 1030 begonnen, wurde er bereits 1080 unter Heinrich IV. grundlegend umgestaltet. Die ursprünglich flachgedeckte dreischiffige Basilika wurde dabei in allen Teilen gewölbt und mit einer mächtigen Vierungskuppel überhöht (1). Aus der ersten Bauphase stammt die weite Hallenkrypta mit den massigen Würfelkapitellen (3); sie erstreckt sich unter Chor, Vierung und Querhaus. Die neue Kirche sollte noch prächtiger werden als die alte: Antikisches Ornament schmückt die Querhausfassaden (2), die Wölbung des Inneren steigert die Monumentalität des Baus (5). Um den Druck der Kreuzgratgewölbe abzufangen, wurden jedem zweiten Mittelschiffspfeiler Pilaster mit Halbsäulen vorgelegt; der so entstandene Stützenwechsel rhythmisiert den Raum (4). Die Vollendung dieses zweiten Speyerer Kaiserdoms kennzeichnet den Durchbruch der Hochromanik in Deutschland.*

1

2

3

4

5

Römer, Karolinger und Ottonen

St. Michael Hildesheim / Westwerk Corvey / Pfalzkapelle Aachen / Torhalle Lorsch / Palastaula Trier / Porta Nigra Trier

Die Anfänge der knapp 2000 Jahre umspannenden Geschichte der Architektur in Deutschland liegen in der Antike bei den Siedlungen der Römer an Rhein und Mosel. Sie waren nach Cäsars Gallienfeldzug (58–51 v. Chr.) gegründet worden und bildeten die Grundlage für die Entfaltung einer reichen Profanarchitektur, der sich mit der Ausbreitung des Christentums in den folgenden Jahrhunderten die Sakralarchitektur anschloß. Wenn auch nur wenige Monumente der Spätantike relativ unbeschadet auf uns gekommen sind, so lebten doch ihre Typen und Techniken bis ins hohe Mittelalter fort: Die karolingischen und ottonischen Herrscher verstanden sich als Nachfolger der römischen Kaiser und benutzten antike Bauformen als Legitimation ihrer Würde. Erst um die Jahrtausendwende entwickelte sich ein neues Raumprinzip, das zur Ausbildung der unter dem Begriff »Romanik« bekannt gewordenen Kunst führte.

Ausgerechnet ein Wehrbau, der vor den Germanen schützen sollte, die **Porta Nigra,** ist der älteste erhaltene Monumentalbau auf dem Territorium der heutigen Bundesrepublik. Die um 16–13 v. Chr. gegründete Kolonie Augusta Treverorum, das heutige Trier, wuchs in den ersten Jahrhunderten unserer Zeitrechnung zur größten Stadt nördlich der Alpen. Gegen Ende des 2. Jahrhunderts wurde sie – wahrscheinlich unter Kaiser Septimius Severus – von einer Ringmauer umgeben. Eines ihrer fünf Tore war die Porta Nigra, die ihren Namen dem im Lauf der Zeit patinierten Schwarz des Sandsteins verdankt. Der mächtige Torbau besteht aus zwei parallel liegenden Portalbauten, die zur Stadt bzw. zum offenen Land hin unterschiedlich ausgestaltet sind. Rechts und links werden sie durch Quertrakte miteinander verbunden, zwischen denen sich ein Freiraum in der Art eines Zwingers befindet. Charakteristisch sind die den Bau in mehreren Stockwerken umziehenden Rundbogenöffnungen zwischen kräftigen Säulenvorlagen und Gebälken. Die massiven Sandsteinquader werden ohne Mörtel von Eisenklammern zusammengehalten, ihre Oberflächen wurden nicht geglättet, so daß sie eigentümlich roh wirken.

Rund 100 Jahre später, als Trier zur kaiserliche Residenz erhoben wurde, erhielt die Stadt eine Reihe repräsentativer Bauten. Neben den Thermen war die **Palastaula**, der Thronsaal Kaiser Konstantins des Großen, Höhepunkt der Anlage. Mit ihren 67 Meter Länge, 27,50 Meter Breite und 30 Meter Höhe ist die flachgedeckte Halle mit halbrunder Apsis einer der gewaltigsten Räume ihrer Zeit. Zwei Reihen großer Fenster sorgen für die Beleuchtung – ein Motiv, das frühchristliche Kirchen für den Bereich der Apsis übernahmen. Das Innere des Ziegelbaus war in seiner gesamten Höhe mit verschiedenfarbigem Marmor verkleidet; im Außenbau ist er an der original erhaltenen Westseite mit hohen Blendarkaden gegliedert.

Von der Anlage her interessant ist die Trierer Doppelkirche aus der Zeit um 326, ein sonst vorwiegend aus dem Adriagebiet bekannter Bautyp. Beiden dreischiffigen Bauten war ein Atrium vorgelegt. In der Umgebung Triers, an Rhein und Mosel, entstanden elegante, mosaikgeschmückte Villen und Thermenanlagen. Um die Mitte des 4. Jahrhunderts wurde **St. Gereon in Köln** errichtet, ein Ovalraum mit acht hervortretenden Rundnischen und zentraler Apsis. Als Zentralbau verwandte er die für Märtyrergedächtniskirchen typische Grundrißform. Seine quergelagerte Vorhalle, der Narthex, ist nicht mehr erhalten.

Die Architektur des frühen Christentums, besonders die Basiliken Roms, die Kirchen Konstantinopels und die Bauten Theoderichs in Ravenna, wurden zum Vorbild der »karolingischen Renaissance«, der Kunst im Reich Karls des Großen. Mit der Berufung auf die römische Kaiserzeit und die Begründung der Reichskirche verstand sich der Franke als unmittelbarer Erbe des spätantiken Imperiums. Sinnfälliges Beispiel ist die **Pfalzkapelle in Aachen,** die zur Grabstätte Karls und zur Krönungskirche der deutschen Könige wurde. Die Weihe erfolgte im Jahr 800, im selben Jahr, als Karl in Rom zum Kaiser erhoben wurde.

Formal knüpft die Aachener Pfalzkapelle an die Zentralbauten von S. Vitale in Ravenna und Hagios Sergios und Bakchos in Konstantinopel an – deutlicher Hinweis auf den Anspruch auf West- und Ostrom: Acht mächtige Pfeiler bilden ein inneres Oktogon, das in einen sechzehneckigen Außenbau gestellt ist. Im Untergeschoß öffnet es sich in weiten Bögen zum Umgang; die Arkaden des Obergeschosses werden von 2 x 2 übereinandergestellten Säulen – Spolien aus Rom und Ravenna – unterteilt. Gegenüber den leichten, teilweise schwingenden Räumen seiner Vorbilder ist der karolingische Bau eher gravitätisch und statisch, perfekte Umsetzung kaiserlicher Repräsentanz. Ursprünglich gehörte die Pfalzkapelle zu einem größeren Palastkomplex, in den sie mittels Kolonnaden eingebunden war. Heute ist sie durch zahlreiche gotische Anbauten erweitert.

Teil einer monumentalen Klosteranlage war die **Torhalle von Lorsch,** die gegen Ende des 8. Jahrhunderts erbaut wurde. Über ihren drei Durchgängen, die auf den Eingang der Klosterkirche ausgerichtet waren, liegt ein Saal, der im 14. Jahrhundert dem hl. Michael geweiht wurde. Welche Funktion der Bau ursprünglich hatte, ist ungeklärt, die aufwendige Dekoration mit antikischen Elementen – Säulen, Pilastern, Dreiecksgiebeln – und die Verkleidung mit rot-weißen Steinplatten läßt jedoch auf einen hohen Rang schließen.

Im späten 9. Jahrhundert wurde das Westwerk der **Abteikirche von Corvey** errichtet, ein blockartiger, mehrgeschossiger Baukörper mit Portikus, seitlichen Türmen und ursprünglich auch mittlerer Bekrönung. In seinem Inneren liegt eine Eingangshalle, das »Quadrum«, darüber eine Kapelle mit umlaufender Empore, die zugleich als Loge für die Herrscherfamilie diente. Das Westwerk, dessen liturgische, zeremonielle oder symbolische Bedeutung ebenfalls noch nicht schlüssig erklärt ist, wurde im ottonischen und romanischen Kirchenbau wiederaufgenommen.

Die Insel Reichenau im Bodensee war eines der kulturellen Zentren des karolingischen Reiches. In dem dortigen Skriptorium entstanden bedeutende Handschriften. Die drei erhaltenen Kirchen sind mit einzigartigen Wandmalereien ausgestattet, die wahrscheinlich nur einen Bruchteil des gesamten Bestandes ausmachten. Architektonisch vertritt **St. Georg in Oberzell** den Typus der Klosterkirche, der auch für viele andere Bauten üblich wurde, ein dreischiffiges Langhaus mit basilikalem Querschnitt, das heißt mit erhöhtem und beleuchtetem Mittelschiff und niedrigeren Seitenschiffen. Massive Säulen tragen die Arkaden, über denen sich der freskengeschmückte Obergaden erhebt.

In der zweiten Hälfte des 10. Jahrhunderts erlebte das nun unter der Herrschaft der sächsischen Ottonen stehende Reich einen gewaltigen Aufschwung, der sich auch auf die Bautätigkeit auswirkte. Karolingische Bautypen wurden weiterentwikkelt und differenziert. Neben dem Klosterbau kam vor allem der Bischofskirche, dem Dom, große Bedeutung zu. Dem Essener Münster wurde ein Westbau angefügt, der die Formen der Aachener Pfalzkapelle aufnimmt. In Mainz begann man mit den Ostteilen des Doms; die Kirche der Benediktinerabtei St. Pantaleon in Köln erhielt ein Westwerk, dessen Baukörper mit Treppentürmchen, Rundbogenfriesen, Gesimsen und Pilastern viel stärker gegliedert wurde als das von Corvey.

Die **Stiftskirche St. Cyriakus in Gernrode** am Harz ist eines der besterhaltenen Zeugnisse ottonischen Bauens. Die Kirche des 961 gegründeten Nonnenklosters wurde wegweisend für die romanische Architektur: Das Langhaus ist mit Emporen versehen, ein für Deutschland damals ungewöhnliches Motiv, das wahrscheinlich auf die Bestimmung des Baus als Nonnenkloster zurückgeführt werden kann. Neuartig ist auch die stärkere Durchgliederung des Baus im Wechsel von Pfeiler und Säule sowie die sogenannte ausgeschiedene Vierung, die bauliche Akzentuierung des Kreuzungspunktes von Lang- und Querhaus.

Die in Gernrode angedeuteten Strukturierungsversuche wurden wenig später vervollkommnet. Die Kirche des Benediktinerklosters **St. Michael in Hildesheim,** eine Gründung des kunstsinnigen Bischofs Bernward, ist konsequent durchgeformt: Der Grundriß im »gebundenen System« basiert auf der Größe des Vierungsquadrats, das in den Jochen des Langhauses und der beiden Querhäuser wiederkehrt. Die Vierung ist nach allen Seiten durch große Bögen begrenzt und wird so als liturgischer Raum auch optisch hervorgehoben. Die Ecken der Quadrate betonen jeweils Pfeiler, dazwischen reihen sich zwei leichter wirkende Säulen, ein Schema, das als »sächsischer Stützenwechsel« bezeichnet wird und weite Verbreitung fand. Die systematische Strukturierung wird (trotz zahlreicher Eingriffe) auch im Äußeren sichtbar. Klar heben sich die Blöcke – Langhaus, Querhäuser, Flankentürme – voneinander ab; der Bau gibt sich als durchgestalteter harmonischer Organismus zu erkennen.

Mit St. Michael in Hildesheim war ein Typus gefunden, der für den Sakralbau der Romanik wegweisend werden sollte.

St. Michael in Hildesheim *wurde als Kirche eines bedeutenden Benediktinerklosters 996 von Bischof Bernward gegründet und 1033 geweiht. Ein Teil seiner Ausstattung ist späteren Datums – so die figuralen Kapitelle (1 und 4) aus dem späten 12. Jahrhundert und die berühmte bemalte Holzdecke aus der Mitte des 13. Jahrhunderts (5). Brände und Kriegsschäden haben die mittelalterliche Bausubstanz stark dezimiert; dennoch gilt der Bau als Meilenstein der Architektur in Deutschland: Erstmals wurde in ihm konsequent das »gebundene System« angewandt, ein Strukturschema, das auf der Größe des Vierungsquadrates basiert und den gesamten Bau in Grund- und Aufriß bestimmt. Dem Raster unterworfen sind das dreischiffige basilikale Langhaus und die beiden Querhäuser mit ihren Apsiden (2).*

1

Durch den »sächsischen Stützenwechsel« wird das konstruktive System sichtbar gemacht: Pfeiler betonen die Ecken eines jeden Joches, dazwischen stehen zwei »leichtere« Säulen als Binnengliederung. Die ursprünglich schlichten Würfelkapitelle wurden später weitgehend durch figurale ersetzt. Neu in St. Michael ist ferner die Betonung (»Ausgrenzung«) der Vierung durch hohe Bogenstellungen; ihre liturgische Funktion wird damit architektonisch unterstrichen.

Die Staffelung verschiedener Baukörper bestimmt das Äußere der Klosterkirche (3). Langhaus, Querhäuser, Vierungs- und Flankentürme sowie die Apsiden sind additiv wie bei einem Baukastensystem zusammengesetzt. Gegenüber früheren Bauten wird hier das Bemühen um klare Strukturierung und plastische Durchgliederung des Gesamtorganismus deutlich.

2

3

4

5

Das Westwerk der Klosterkirche von Corvey. *Der Grundstein zum Westwerk der ehemaligen Abteikirche wurde im Jahr 873 gelegt. Trotz Umbauten um die Mitte des 12. Jahrhunderts ist es eines der wichtigsten Zeugnisse karolingischer Architektur (3). Welche Funktion der wehrhafte, aus der ebenerdigen Krypta, einer Kapelle mit umlaufenden Emporen und den zwei (ursprünglich drei) Türmen bestehende Bau innehatte, ist unklar; er entsprach jedoch einem weit verbreiteten Typus. Die dahinterliegende Kirche wurde im 17. Jahrhundert barock erneuert.*

1

Eine Vorhalle, die wie der gesamte karolingische Teil des Baus aus unregelmäßigem Bruchsteinmauerwerk besteht (2), führt in die sogenannte Krypta. In ihrem mittleren, dreischiffigen Raum haben sich herausragende karolingische Kapitelle erhalten. Über der Krypta liegt der zweigeschossige »Johannischor«, der wahrscheinlich als Hofkapelle bei den gelegentlichen Besuchen des Königshauses diente (1). Von der östlichen Empore aus konnte der Herrscher ungestört und erhaben der Messe beiwohnen. Der hohe quadratische Raum ist von Nebenräumen umgeben, in denen sich Reste karolingischer Fresken erhalten haben. Er wird durch mächtige Pfeilerarkaden abgegrenzt. Die Zwischensäulen des Obergeschosses sind modern.

2

3

Die Pfalzkapelle in Aachen, *das wichtigste Zeugnis karolingischer Architektur, wurde im Jahr 800 geweiht. Als Teil des Palastes Karls des Großen war sie Hofkapelle und später Grablege des Kaisers.*
Trotz zahlreicher Eingriffe und der gotischen Erweiterungen blieb die feierliche Monumentalität des karolingischen Kernbaus erhalten: Massive Pfeilerarkaden bilden ein inneres, überkuppeltes Oktogon, das von einem sechzehneckigen Umgang umschlossen wird. Form und Zahlenverhältnisse haben dabei symbolische Bedeutung. Mit etwa 31 Meter war die Kapelle lange Zeit der höchste gewölbte Raum nördlich der Alpen (1).
Die übereinandergestellten Säulen des Obergeschosses sind zum Teil »Spolien«, also Teile antiker Bauten, die aus Rom und Ravenna stammen (2 und 3). Ihre Verwendung sollte die Kontinuität des römisch-fränkischen Kaiserreiches demonstrieren. Bronzegitter und Kaiserthron gehören wie die Bronzetüren zur originalen Ausstattung aus karolingischer Zeit. Die Marmorverkleidung des Innenraums wie auch die Mosaiken des Umgangsgewölbes sind Werke des 19. und 20. Jahrhunderts (4).

1

UM PERPETUI DECORIS STRUCTURA MANEBIT SI PERFECTA AUCTOR PROTEGAT ATQUE REGAT SIC DEUS HOC TUTUM STABILI FUNDAMINE TEMPLUM QUOD CAROLUS

2

3

4

Die Torhalle von Lorsch, *die gegen Ende des 8. Jahrhunderts unter Abt Richbod erbaut wurde, ist Relikt einer großen und bedeutenden karolingischen Klosteranlage. Sie bildete den Zugang zu einem Atrium, dem offenen Vorhof spätantiker und mittelalterlicher Kirchenbauten. Möglicherweise diente die Halle als kaiserliche Gerichtsstätte. Der zweigeschossige, rechteckige Bau mit seitlichen Treppentürmen ähnelte ursprünglich – stärker noch als heute – einem Stadttor; das steile Dach wurde ebenso wie die Michaelskapelle im Obergeschoß erst in gotischer Zeit hinzugefügt (3).*

1

Großen Wert legten die Bauherren offensichtlich auf die dekorative Ausgestaltung des Baus: Nach antiken Vorlagen wurden die Pilaster des Obergeschosses (2) und die Halbsäulen der Portalzone mit ionischen Kapitellen (4) geschmückt; ein Gurtgesims mit Palmettenfries (5) trennt die Stockwerke. Die gesamte Oberfläche ist mosaikartig von roten und weißen Steinplatten überzogen (1). Obwohl der Bau keine getreue Kopie älterer Vorbilder ist, wird in ihm die Reverenz gegenüber dem antiken Erbe deutlich.

2

3

4

5

Die Palastaula in Trier, *Thronsaal Kaiser Konstantins des Großen, wurde um 310 fertiggestellt. Sie war das Zentrum des Palastbezirks und gehörte zu einer Reihe repräsentativer Bauten, mit denen Trier nach seiner Erhebung zur Residenz im Jahr 293 ausgeschmückt wurde. Mit 67 Meter Länge, 27,50 Meter Breite und 30 Meter Höhe war die Aula einer der gewaltigsten Räume der Spätantike. Wie die Porta Nigra erlitt auch sie ein wechselvolles Schicksal, das sich in Zerstörungen und entstellenden Umbauten niederschlug. Nach dem Zweiten Weltkrieg wurde der römische Bau wiederhergestellt.*

1

2

3

4

Die Palastaula ist ein einziger weiter Saal mit 11 Meter tiefer Apsis (4). Zwei Reihen großflächiger Fenster liefern ihm reichlich Licht. Der gesamte Bau wurde in Ziegelstein ausgeführt, war jedoch in seinem Inneren mit Marmor verkleidet und mit Mosaiken und Fresken dekoriert. Hypokausten (Fußbodenheizungen) erlaubten eine teilweise oder vollständige Klimatisierung des Raumes.

5

Vom Äußeren sind nur noch die Westflanke und die im Norden gelegene Apsis (3) erhalten. Dem Zugang im Süden war ursprünglich eine Querhalle vorgesetzt; sie wurde beim Bau eines Schlosses im 17. Jahrhundert abgerissen (5). Die Wandflächen des Thronsaals werden durch hohe Blendarkaden gegliedert, die den Bau rhythmisieren und ihm sein charakteristisches Aussehen verleihen (1). Da sich das Bodenniveau im Lauf der Zeit verändert hatte, mußten einige der gemauerten Entlastungsbögen freigelegt werden (2).

Die Porta Nigra in Trier *wurde im späten 2. Jahrhundert errichtet; sie ist der älteste erhaltene Monumentalbau und das eindrucksvollste Zeugnis römischer Architektur in Deutschland. Als mächtigstes von ursprünglich fünf Stadttoren gehörte sie zu einer Ringmauer, die das römische »Augusta Treverorum« schützen sollte. Ihren Namen (»schwarzes Tor«) verdankt sie der Oxydation des Sandsteins, aus dem sie erbaut wurde. Im Mittelalter erfolgte die Umwandlung in eine Doppelkirche – Symbol der Überwindung der heidnischen Antike. Im 15. Jahrhundert wurde der ursprüngliche Zustand des Torbaus wiederhergestellt.*

1

2

Die beiden parallel liegenden Tortrakte der Porta Nigra scheinen wie durch massive Riegel verbunden, so daß zwischen ihnen ein offener Zwinger entsteht (3). Die Fassaden zur Stadt (2) und zur Landseite (1) sind unterschiedlich ausgebildet: Während die Flanken »nach außen« in halbrunden Turmbauten enden, wurden sie auf der anderen Seite als flache Risalite gestaltet. Bestimmendes Element des gesamten Bollwerks sind die den Bau umziehenden Rundbogenöffnungen, hinter denen sich Laufgänge verbergen. Kräftige Halbsäulen und Gebälke gliedern die Oberfläche.

3

Die massiven Sandsteinquader sind ohne Mörtel, nur mit Eisenklammern verbunden. Unklar ist, warum die Oberfläche des Steins in der Bosse belassen wurde. Hätte man sie geglättet, wäre der imperiale Charakter des Baus noch stärker zur Geltung gekommen.

Zweitausend Jahre Bauen in Deutschland

Glossar

Ädikula Wandnische mit architektonischer Rahmung, häufig zur Aufstellung von Statuen.
Amphitheater Runde oder elliptische Arena mit umlaufenden, stufenförmig ansteigenden Sitzreihen.
Apsis Halbkreisförmige oder polygone Raumerweiterung, im Sakralbau östlicher Abschluß des Chores. → Kirche
Architrav Waagerechter Steinbalken über Säulen, trägt im klassischen Gebälk Fries und Gesims. → Tempel
Archivolte Bogenlauf und vom Mauerwerk abgesetzte Einfassung eines Rundbogens; in der mittelalterlichen Architektur häufig mit Figuren besetzt.
Arkade Bogen über Säulen oder Pfeilern, auch eine Folge von Bögen.
Atrium Bei den Römern geöffneter Innenhof; in der altchristlichen Architektur von Säulengängen umgebener Vorhof der Basilika.
Attika Wandfläche über dem Hauptgesims eines Bauwerks; verdeckt zuweilen den Dachansatz und kann als niedriges Geschoß ausgebildet sein.

Bandelwerk → Ornamentformen
Baptisterium Freistehende Taufkirche, meist Zentralbau.
Basilika Ursprünglich römische Markt- oder Gerichtshalle; in der christlichen Architektur mehrschiffiger Raum mit belichtetem und erhöhtem Obergaden. → Kirchentypen
Basis Profilierter Fuß einer Säule oder eines Pfeilers, der vom Schaft zur Fußplatte (Plinthe) überleitet.
Bauhütte Organisation von Handwerkern und Architekten beim mittelalterlichen Kirchenbau.
Bekrönung Schmückender oberer Abschluß eines Bauteils.
Bergfried Hauptturm einer Burganlage; Zufluchts- und Verteidigungsbau.
Beschlagwerk → Ornamentformen
Beton Gußmauerwerk; seit der Römerzeit bekanntes Gemisch aus Sand, Zusatzstoffen und Bindemittel (Zement), das beim Trocknen steinhart wird.
Blendarkaden Aneinanderreihung von vor die glatte Wand gesetzten Bögen; Gliederungsmotiv in der romanischen und gotischen Baukunst.
Blendfassade Einem Baukörper aus gestalterischen Gründen vorgesetzte Fassade, die nicht dessen strukturellem Aufbau entspricht.
Bogen Gewölbte Überbrückung einer Maueröffnung, deren Steine zur Erhöhung der Druckfestigkeit keilförmig zugeschnitten oder verfugt sind.
Bogenformen

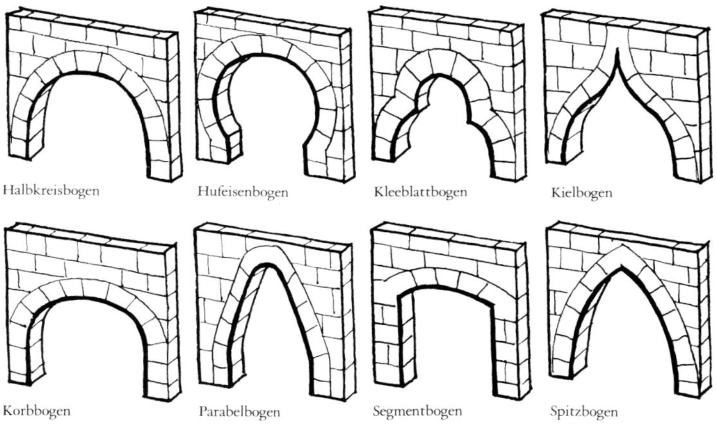

Bogenfries Fries in Form von Rundbögen, in der romanischen Architektur weit verbreitet.
Bosse Nur roh bearbeitete Ansichtsseite eines Steines oder plastischen Werks.
Bruchsteinmauerwerk Aus unregelmäßigen, unbearbeiteten Steinen aufgeschichtete Wand.
Bündelpfeiler In der mittelalterlichen Baukunst Gruppierung von kleineren und größeren Dreiviertelsäulen um einen Pfeilerkern.

Chor In der christlichen Kunst Stätte für das Gebet der Geistlichen, meist auch Standort des Altars; im Kirchenbau Bezeichnung für den Raum zwischen Vierung und Apsis.

Chorschranken Brüstung, die im Kirchenschiff den Raum der Geistlichen von dem der Laien trennt, häufig mit Skulpturen geschmückt.
Chorumgang Weiterführung der Seitenschiffe als Gang um den Chor. → Kirche
Communs Nebengebäude des französischen Schlosses, zur Unterbringung der Dienerschaft oder für wirtschaftliche Zwecke genutzt.
Corps de logis Im französischen Schloßbau Bezeichnung für das Hauptgebäude mit den herrschaftlichen Wohnräumen.
Cour d'honneur Von Flügelbauten umschlossener Ehrenhof des barocken Schlosses.

Dachformen

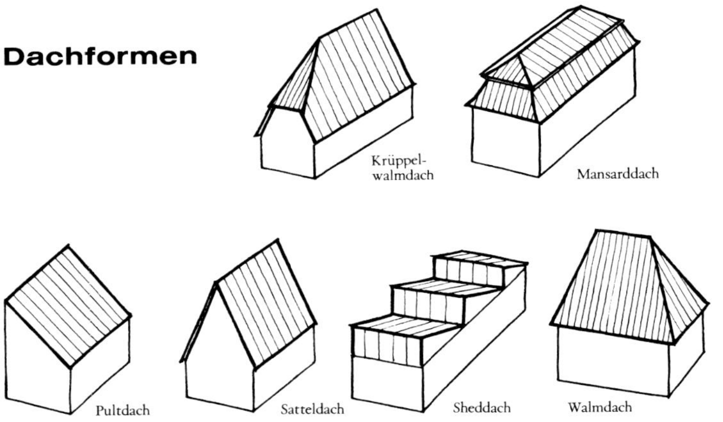

Diamantquader Quader, dessen Oberfläche wie ein Diamant geschliffen ist; wurde als Fassadenschmuck in Renaissance und Barock eingesetzt.
Dienst Schlanke Säulenvorlage in der gotischen Architektur, trägt die Gurten oder Rippen des Kreuzrippengewölbes.
Donjon Wehrhafter Wohnturm französischer Burgen.
Dorische Ordnung → Säulenordnungen
Dormitorium Schlafsaal eines Klosters.
Dreiflügelanlage Grundform des barocken Schlosses mit Corps de Logis und Seitenflügeln, die den Ehrenhof umschließen.
Dreikonchenanlage Kirchenbau mit drei halbrunden oder polygonalen Apsiden, die wie ein Kleeblatt angeordnet sind (daher auch Kleeblattanlage genannt).

Eierstab Zierleiste mit eiförmigen und pfeilspitzenartigen Elementen; wurde aus der antiken Architektur in die Renaissance übernommen.
Emblem Sinnbild aus drei Elementen, dem Ikon (einem allegorischen Bild), dem Lemma (Überschrift) und der Subscriptio (Unterschrift).
Empore Gallerieähnlicher Einbau im Kircheninneren; dient zur Absonderung bestimmter Gruppen (Hofstaat, Frauen) während des Gottesdienstes.
Enfilade Zimmerflucht; geradlinige Raumabfolge, charakteristisch für den französischen Schloßbau im 17. und 18. Jahrhundert.
Eremitage Einsiedeleien nachempfundene Gartenschlößchen im Barockzeitalter.
Erker Auskragender, überdachter Anbau.
Exedra Halbkreisförmige Erweiterung eines Saalbaus, ehemals mit ringförmig angeordneten Sitzplätzen.

Fachwerk Skelettbau mit hölzernen Pfosten, Balken und Streben, dessen Zwischenräume (Ausfachungen) mit Lehm oder Ziegelsteinen gefüllt sind.
Fassade Schauseite eines Gebäudes.
Fensterformen Nach Form der Öffnung unterschiedene Rechteck-, Bogen- oder Rundfenster.
Fensterverdachung Dekorativer oberer Abschluß eines Fensters, oft in Giebelform.
Fiale Zierelement der gotischen Architektur in der Art eines schmalen, pyramidenbekrönten Schaftes.
Fischblase Maßwerkmotiv in Form einer Fischblase.
Freitreppe Offene Treppe an der Fassade eines Gebäudes.
Fries Plastisch gestalteter Wandstreifen mit ornamentalem oder figürlichem Dekor. → Tempel
Füllmauer Mauer, die zwischen regelmäßig gemauerten Wänden mit Bruchsteinen oder Mörtel aufgefüllt ist.

Gaden Stockwerk; als Obergaden Fensterzone im Mittelschiff der christlichen Basilika.
Galerie Ursprünglich überdachter, seitlich geöffneter Gang; im Schloßbau langgestreckter Festsaal; seit dem 19. Jahrhundert auch überdachte Ladenpassage.
Gaube Dachfenster.
Gebälk Balkensystem zwischen Mauer und Dach, in der klassischen Architektur aus Architrav, Fries und Gesims bestehend.
Gebundenes System Gliederungsschema des mittelalterlichen Kirchenbaus, basiert auf dem Modul des Vierungsquadrats.

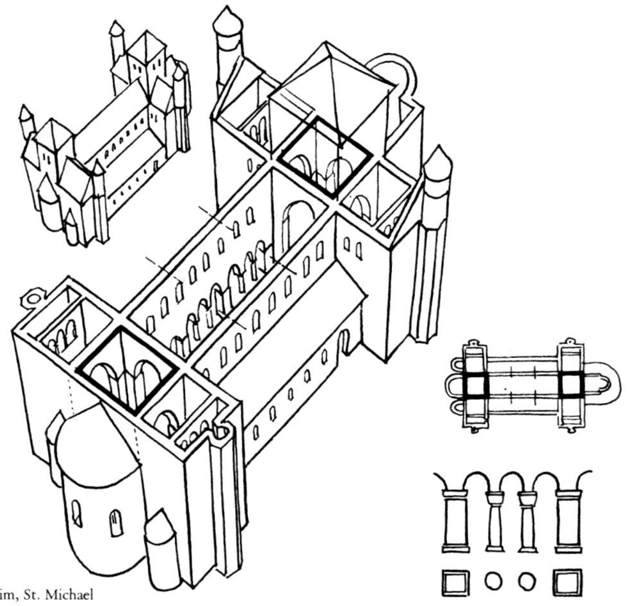
Hildesheim, St. Michael

Gesims Horizontales, plastisches Gliederungselement in der Architektur; als Kranzgesims oberer Abschluß der Wand unter dem Dachansatz.
Gewölbe Gekrümmter oberer Raumabschluß; wird aus Steinen konstruiert, die sich zwischen Widerlagern verkeilen.
Gewölbeformen

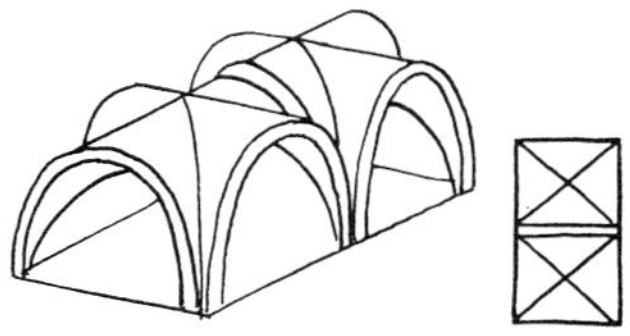
Kreuzgratgewölbe

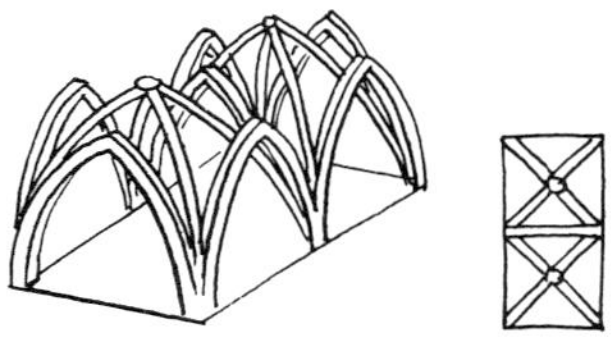
Kreuzrippengewölbe

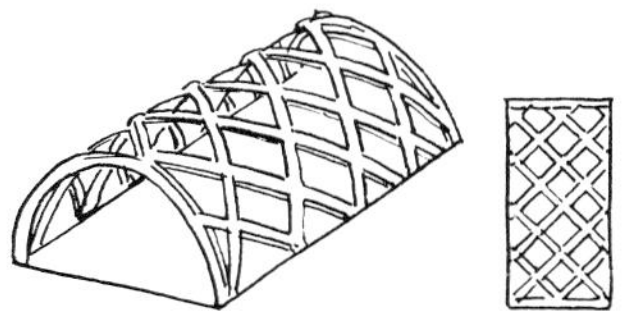
Netzgewölbe

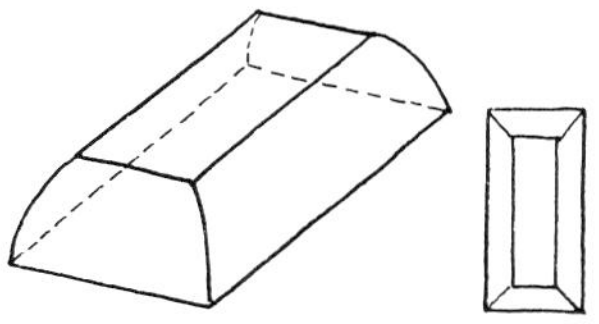
Spiegelgewölbe

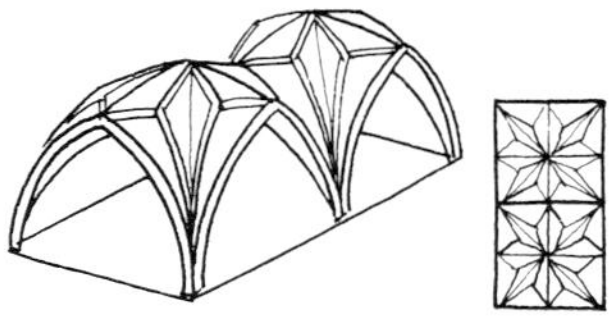
Sterngewölbe

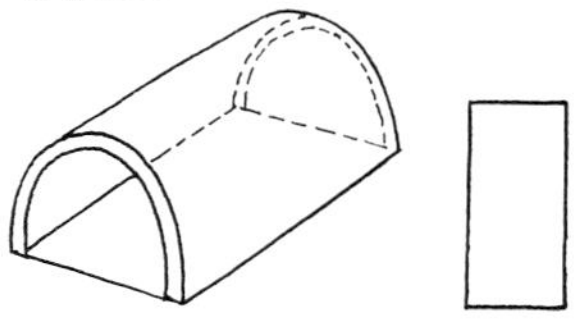
Tonne

Gewölbekappe Nichttragende Füllfläche eines Kreuzgewölbes zwischen Graten oder Rippen.
Gewölbezwickel Sphärische Elemente, die zwischen einem quadratischen Unterbau und Kuppel oder Polygon vermitteln.
Giebel Meist repräsentativer vorderer Abschluß eines Satteldachs, Fensters oder einer Ädikula, der dreieckig, getreppt oder mit Bogenformen gestaltet sein kann; das Giebelfeld (Tympanon) trägt häufig skulpturalen Schmuck.
Giebelformen

Gesprengter Giebel

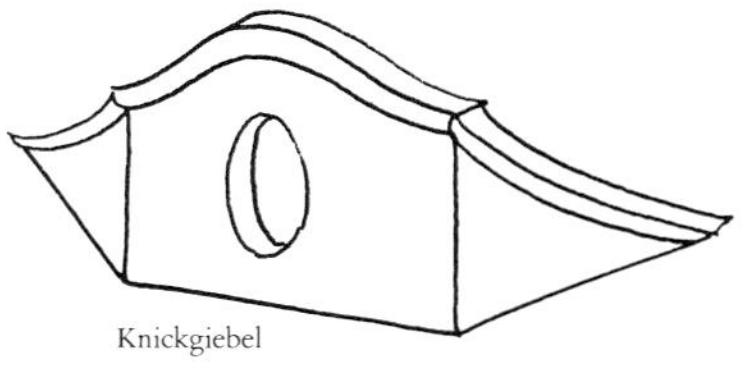
Knickgiebel

Treppengiebel (Lübeck)

Volutengiebel (Darmstadt)

Welscher Giebel (Schellenburg)

Zinnengiebel (Rostock)

Grat Schnittlinie zweier Dach- oder Gewölbeflächen.
Gurtbogen Quer zur Längsachse eines Gewölbes verlaufender Stützbogen.

Hallenchor Mehrschiffiger Chor mit gleicher Gewölbehöhe.
Hallenkirche Kirchenanlage mit Schiffen gleicher Höhe, besonders in der Spätgotik verbreitet. → Kirchentypen
Haustein An allen Seiten bearbeiteter Naturstein.
Helm Turmbedachung. → Turmformen
Herme In der Antike ein vierkantiger, von einem bärtigen Hermeskopf gekrönter Pfeiler, ab dem 4. Jahrhundert werden auch andere Götter dargestellt; es können auch mehrere Gesichter ausgearbeitet sein.
Hôtel Stadtpalast des französischen Adels.

Interkolumnium Abstand zwischen zwei Säulen, gemessen von Säulenachse zu Säulenachse.
Ionische Ordnung → Säulenordnungen

Joch Gewölbter Raumabschnitt.

Kalotte Gekrümmte Fläche eines Kugelabschnitts; in der Architektur Bezeichnung für die Kuppelwölbung.
Kämpfer Platte zwischen Säule oder Pfeiler und dem Ansatz eines Bogens; häufig in Verbindung mit einem Kapitell.
Kanneluren Senkrechte Rillen im Schaft einer Säule oder eines Pilasters.
Kapelle Kleiner Sakralraum, kann freistehend oder Teil eines Kirchengebäudes sein.
Kapellenkranz Um einen halbrunden oder polygonalen Chor gelegte Kapellen.
Kapitell Plastisch ausgestaltetes Kopfstück einer Stütze, das zwischen Stütze und Last vermittelt.
Kapitellformen

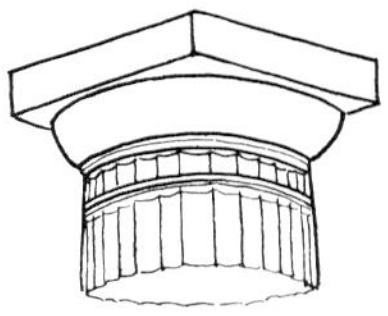
dorisch

ionisch

Kelchkapitell

korinthisch

toskanisch

Würfelkapitell

Kapitelsaal Repräsentativer Versammlungssaal eines Dom- oder Ordenskapitels, meist im Ostteil des Kreuzgangs gelegen.
Kartusche Schildförmiges Barock-Ornament mit Laubwerk.
Kassettendecke Aus der römischen Antike stammende Dekorationsform eines gewölbten oder flach geschlossenen Innenraums; besteht aus reich profilierten und ornamentierten kastenartigen Feldern.

Kastell Ursprünglich römisches Lager, später Wehrbau.
Kathedrale Bischofskirche, in Deutschland oft auch Dom oder Münster genannt.
Kehle (auch Hohlkehle) Konkaves Profil eines Gesimses.
Kerbschnitt Flächenverzierung mit dem Schnitzmesser in Holz.
Kirche

Limburg (Stiftskirche St. Georg)
A = Rhombendach
B = Vierungsturm
C = Flankentürmchen
D = Dach des Querhauses
E = Fassade des Querhauses
F = Dach des Chorumgangs
G = Westfassade
H = Hauptschiff
I = Seitenschiff
J = Vierung
K = Querhausarm
L = Chor
M = Umgang
N = Apsidiole

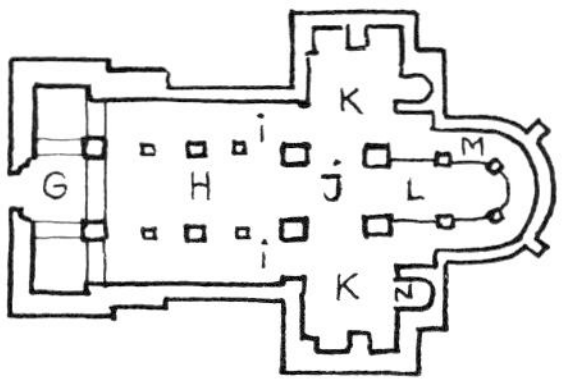

Kirchentypen

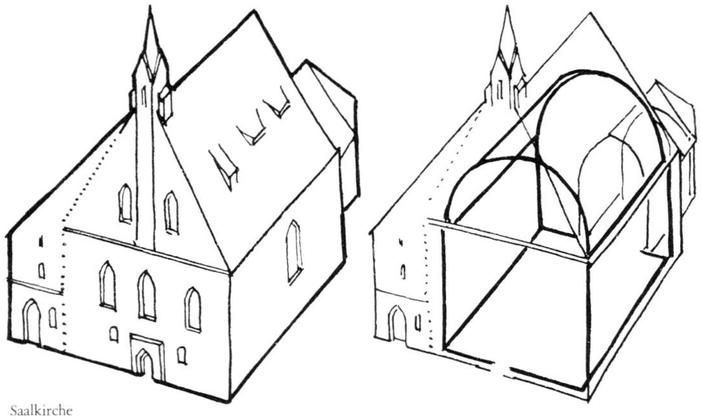

Saalkirche
(Nürnberg, St. Klara)

Hallenkirche (Hildesheim, St. Lambertikirche)

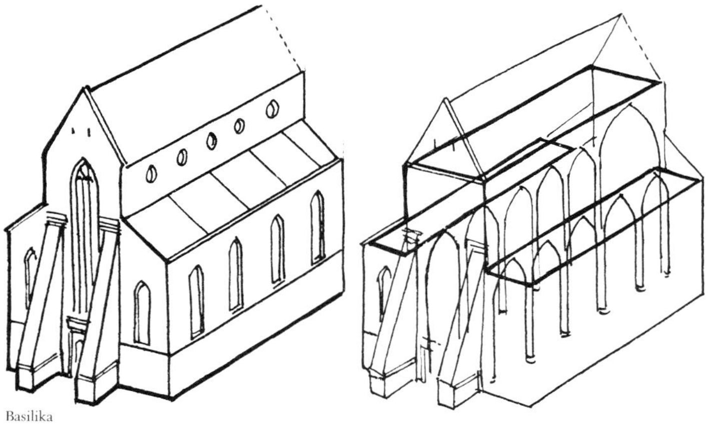

Basilika
(Freiburg, St. Martin)

Kloster Seit dem frühen Christentum Sitz der Mönchsgemeinschaft. Zum Klosterkomplex gehören die Kirche, der offene Hof (Kreuzgang), der Versammlungsraum der Mönche (Kapitelsaal), der Speisesaal (Refektorium), der Schlafsaal (Dormitorium) und weitere Nutzbauten.
Knagge Verstärkendes Holzstück zwischen Pfosten und Schwelle, das die Geschoßüberstände im mittelalterlichen Fachwerkbau abstützt.
Knorpelwerk (auch Ohrmuschelwerk) → Ornamentformen
Kolonnade Folge von Säulen mit Architrav.
Kolossalordnung Säulen- oder Pilasterordnung, die mehrere Geschosse zusammenfaßt.
Konche Halbrunde Apsis.
Konsole Vorkragendes Tragelement.
Kranzgesims Hauptgesims der Fassade, unterhalb des Dachansatzes.
Kreuzgang Offener rechteckiger Hof eines Konvents, um den sich die Kirche und die Klostergebäude gruppieren.
Kreuzgewölbe → Gewölbeformen
Krypta Unter der Kirche gelegener Kultraum.
Kuppel Gewölbeform, die runde, viereckige oder polygonale Räume überspannt.
Kuppelformen

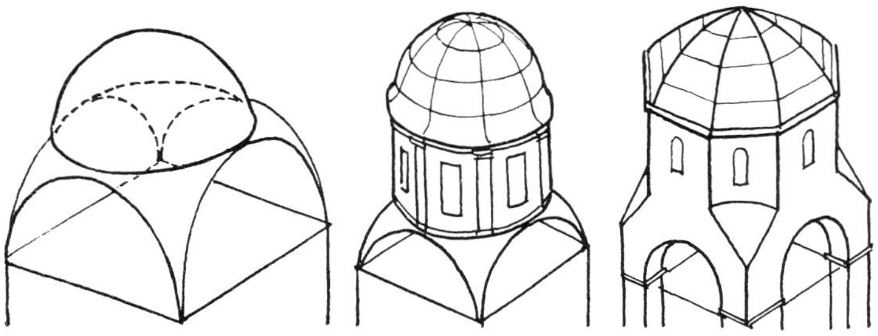

Hänge- oder Pendentifs-Kuppel — Tambour-Kuppel — Trompen-Kuppel

Laibung Innere Wandfläche einer Maueröffnung.
Langhaus Hauptteil der Kirche, von der Fassade bis zur Vierung.
Laterne Lichtführender Aufsatz einer Kuppel.

Lettner Im Kircheninneren Abschlußmauer zwischen Mönchschor und Laienraum, auch Lese- oder Sängerbühne; oft mit reichem Bildprogramm geschmückt.
Lichtgaden → Obergaden
Lisene Vertikales Mauerband, im Gegensatz zum Pilaster ohne Basis und Kapitell.
Loge Zum Innenraum geöffnete Empore, vor allem im Theaterbau.
Loggia Offene Säulenhalle.
Lukarne Dacherker, oft mit reicher Dekoration.
Lunette Bogenfeld über Türen und Fenstern.
Lustschloß Seit der Renaissance Schlößchen in reizvoller Umgebung, das zu entspannenden Vergnügungen dient.

Mansarddach Nach dem französischen Architekten François Mansart benannte Dachform aus kombinierten, unterschiedlich ansteigenden Dachflächen. → Dachformen
Maßwerk

Korbach, St. Kilian

Mauerverband Zusammenfügung natürlicher oder künstlicher Steine (Ziegel); bei Anordnung der Längsseiten parallel zum Mauerverband spricht man von Läufern, bei Schichtung quer zur Außenwand von Bindern.
Mauerwerk Gefüge aus natürlichen oder künstlichen Steinen, meist mit Mörtel verbunden.
Mausoleum Ursprünglich Grabmal des Königs Mausolos von Halikarnass (vollendet 353 v. Chr.), danach Bezeichnung für monumentale Grabbauten.
Mezzanin Zwischengeschoß.
Mittelschiff Mittleres Hauptschiff der Kirche, das von Seitenschiffen flankiert wird. → Kirche
Mönchschor Den Mönchen vorbehaltener, abgetrennter Raum der Klosterkirche, mit Chorgestühl ausgestattet.
Monolith Säule, Pfeiler oder Bauwerk aus einem einzigen Stein.

Narthex Vorhalle der frühmittelalterlichen Kirche.
Netzgewölbe → Gewölbeformen

Obergaden Durchfensterte obere Wand des Mittelschiffs einer Basilika.
Oculus Runde Fensteröffnung.
Oktogon Achteckiger Bau oder Grundriß.
Orangerie Seit dem Barock ebenerdiges, langgestrecktes Gewächshaus, meist mit Fenstertüren.
Oratorium Empore im Chor eines Sakralbaus, auch Hauskapelle.
Ornament Schmuck geometrischer oder figürlicher Art.
Ornamentformen

Beschlagwerk

Groteske

Rocaille

Ohrmuschelwerk

Palas Hauptgebäude einer mittelalterlichen Burg.
Palast Ursprünglich feudaler Wohnsitz, später auch auf monumentale bürgerliche Bauten angewandt.
Palastkapelle Dem Souverän und seiner Familie vorbehaltener Sakralraum innerhalb eines Palastes.
Paradies Vorhof vor dem Eingang zur frühchristlichen und mittelalterlichen Basilika.
Pavillon Kleiner freistehender Bau innerhalb eines Schloßkomplexes; auch Seitenflügel eines Barockgebäudes, der durch ein eigenes Dach hervorgehoben ist.
Pendentif Gewölbezwickel; dient zur Vermittlung zwischen viereckigem Grundriß und rundem Kuppelansatz. → Kuppelformen
Pergola Ranggerüst; auch offener Laubengang.
Peripteros Tempel mit rings umlaufender Säulenstellung.
Pfalz Mittelalterlicher Palast von Fürsten, die über keine feste Residenz verfügten.
Pfarrkirche Kirche mit Pfarrsprengel zur geistlichen Versorgung der Bevölkerung.
Pfeiler Mauerstütze ohne Entasis (Schwellung) der antiken Säule, kann jedoch Basis und Kapitell haben; nach Lage und Art des Pfeilers wird in Wandpfeiler (Pilaster), Eckpfeiler, Doppelpfeiler und andere unterschieden. → Pfeilerformen

Pfeilerformen

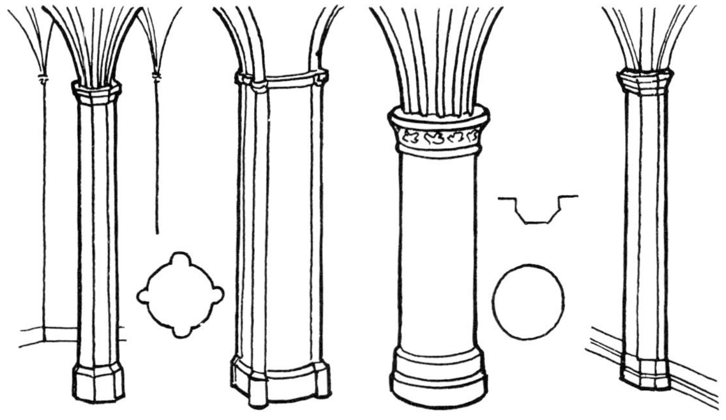

Freipfeiler Kantonierter Pfeiler Rundpfeiler Wandpfeiler

Pilaster Wandpfeiler mit Basis und Kapitell.
Polychrom Vielfarbig.
Polygon Vieleck.
Portikus Von Säulen getragene Vorhalle.
Presbyterium Im Mittelalter der oft erhöhte Zeremonialraum des Priesters.
Propyläen Seit der Antike die Torbauten eines Tempelbezirks.
Pultdach → Dachformen
Pylon Torbau eines ägyptischen Tempels mit massiven, geböschten Flankentürmen; in der Neuzeit Pfosten, an denen die tragenden Teile einer Brücke aufgehangen werden.

Querhaus (auch Querschiff oder Transept) Quer zum Langhaus liegender, ein- oder mehrschiffiger Bauteil einer Kirche; der Kreuzungspunkt von Mittel- und Querschiff wird als Vierung oft besonders hervorgehoben. → Kirche

Rabitz Stahldrahtgeflecht mit Gipsbewurf und Faserstoffen; wird zur Isolierung verwendet.
Refektorium Speisesaal eines Klosters.
Remter Speisesaal in den Ordensburgen der geistlichen Ritterorden.
Rippe Konstruktionsteil eines gotischen Gewölbes; Skelett, über dem die nichttragenden Füllungen aufgemauert sind. In der Spätgotik wird die Rippe dekorativ ausgebildet.
Risalit Besonders akzentuierter, vor die Mauerflucht heraustretender Baukörper (Vorbau).
Rocaille Feingliedrige Muschelform; bevorzugtes Ornament des Rokoko. → Ornamentformen
Rose Mit Maßwerk gefülltes gotisches Rundfenster.
Rotunde Zentralbau mit kreisförmigem Grundriß.
Rundfenster Fenster in Kreisform, als Rose mit Maßwerk untergliedert.
Rustika Mauerwerk mit teils in der Bosse belassenen Steinen; seit der italienischen Renaissance als Stilmittel im Palastbau eingesetzt.

Saalkirche Einschiffiger, nicht unterteilter Innenraum eines Sakralbaus. → Kirchentypen
Sakristei Nebenraum der Kirche, zum Ankleiden des Priesters oder zur Aufbewahrung liturgischer Geräte.
Sanktuarium Heiligster Raum der Kirche, im allgemeinen Chor mit Hochaltar.
Satteldach → Dachformen
Säule Stützglied mit kreisförmigem Durchschnitt, besteht aus Basis, Säulenschaft mit Entasis (Schwellung) und Kapitell.

Säulenordnungen

dorisch ionisch korinthisch toskanisch

Schiff Längs- oder quergerichteter Innenraum der Kirche, durch Stützen in Mittel- und Seitenschiff unterschieden. → Kirche
Schloß Ursprünglich der Verteidigung, später der Repräsentation dienender Wohnsitz eines Souveräns.
Schlußstein Meist plastisch ausgestalteter Stein im Scheitel eines Bogens oder Gewölbes.
Schwibbogen Waagerecht gespannter Bogen zwischen zwei Mauern.
Segmentgiebel → Giebelformen
Seitenschiff Das Mittelschiff in Lang- oder Querhaus flankierender länglicher Seitenraum. → Kirche
Skelettbau Konstruktionsweise, bei der alle tragenden Funktionen auf ein Gerippe verlagert werden; die Füllungen sind ohne statische Bedeutung.
Spitzbogen → Bogenformen
Spolie Bauteil aus einer älteren Epoche, das in einem neuen Bauzusammenhang Wiederverwendung findet.
Stahlbeton In der Mitte des 19. Jahrhunderts entwickelte Technik, mittels derer Beton durch eine Eisen-, später Stahlarmierung Zug- und Druckkräften gleichermaßen standhalten kann.
Stichkappe Tonnenförmiges Gewölbe, das senkrecht in die Achse des Hauptgewölbes einschneidet.
Stil Einer Gruppe von Kunstwerken eigene Ausformung, die auf persönlichen, regionalen, epochalen oder funktionalen Gemeinsamkeiten beruht.
Strebebogen/Strebepfeiler → Strebewerk

Strebewerk

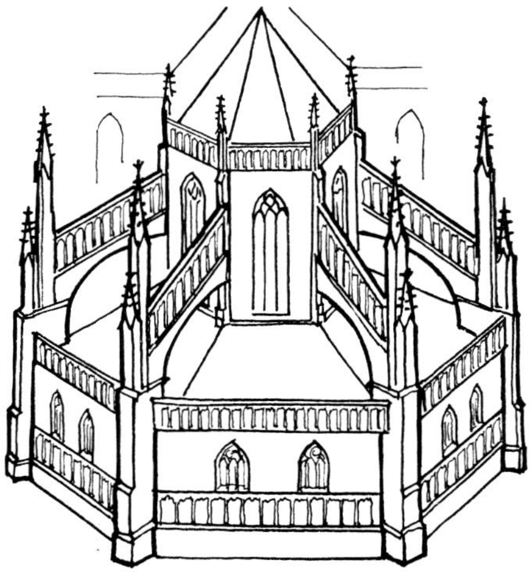

Strebewerk (Osnabrück, St. Marien)

Strebepfeiler und Strebebogen

Stützenwechsel Wechsel von Säule und Pfeiler im gebundenen System des mittelalterlichen Kirchenbaus.

Tambour Zylindrischer oder polygonaler Unterbau der Kuppel.

Tempel

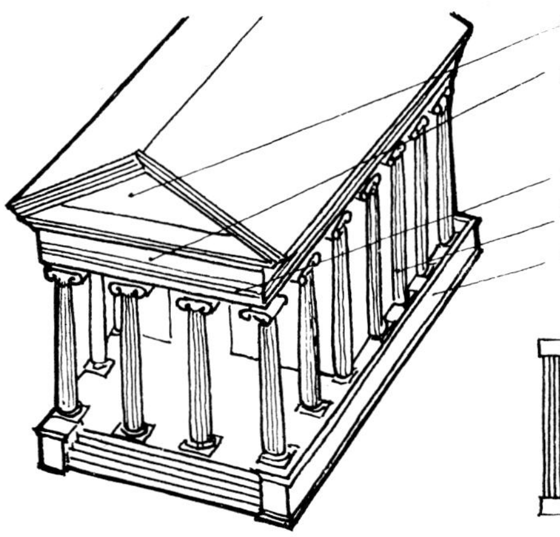

Tempel (Rom, Fortuna Virilis)

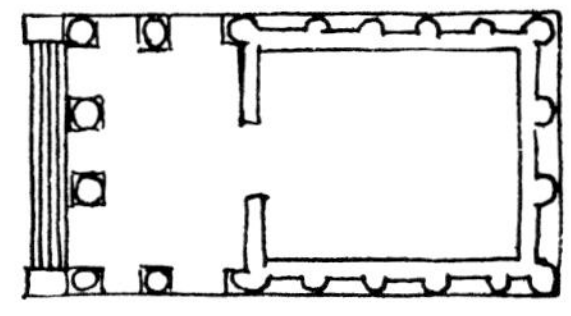

Prostylos-Grundriß

Thermen Römische Badeanlagen mit warmen und kalten Schwimmbädern, Dampfbädern und Aufenthaltsräumen.
Tonnengewölbe → Gewölbeformen
Transept → Querhaus
Treppe Stufenfolge, nach ihrer Ausformung in »Läufe« (Richtungen) und »Arme« (Verzweigungen) unterschieden.
Triforium Ursprünglich »Dreibogenöffnung«; zum Mittelschiff eines Kirchenbaus geöffneter Laufgang zwischen Arkaden oder Emporen und Obergaden.
Triumphbogen In der Antike monumentaler Ehrenbogen zum Gedenken an einen Kaiser oder eine Schlacht; in der christlichen Kirche Bogen zwischen Langhaus oder Chor und Vierung.
Turmfassade Mit einem oder mehreren Türmen gestaltete Fassade; seit dem Mittelalter beliebtes Motiv und verbreitete Hoheitsform im Sakralbau.

Turmformen

1. Gedrehter Helm (Lemgo, St. Nikolai)
2. Haube (Osnabrück, Ledenhof)
3. Gestufte Haube (Langgöns, Pfarrkirche)
4. Zwiebelhaube (Memmingen, Kreuzherrenkirche)
5. Laternenhelm (Hannover, Kreuzkirche)
6. Maßwerkhelm (Freiburg, Münster)
7. Maßwerkhelm mit »Mastkorb« (Rottenburg, St. Martin)
8. Falthelm (Lüneburg, St. Johannis)

Tympanon Giebelfeld im antiken Tempelbau und davon abgeleiteten Stilformen; meist skulptural geschmückt.

Verkröpfung Um Mauervorsprünge herumlaufende horizontale Gliederung.
Vierung Im Kirchenbau Schnittpunkt von Lang- und Querhaus; oft architektonisch herausgehoben. → Kirche
Voluten Schneckenförmige Zierglieder an Säulen oder Giebeln.
Vorhangfassade Nicht tragende Fassade, die dem konstruktiven Gerüst nur vorgeblendet ist.
Vorlage Der Wand vorgelegte Mauerverstärkung in Form eines Dienstes, Pilasters oder einer Lisene.

Walmdach → Dachformen
Wasserspeier Rohr zur Ableitung des Regenwassers, im Mittelalter weit verbreitet.
Westwerk Im Westen eines Sakralbaus gelegene festungsähnliche Vorkirche mit Türmen und Kapelle.
Wimperg Giebelartige Bekrönung in der gotischen Architektur und Schnitzkunst, häufig von Maßwerk durchbrochen.
Würfelkapitell → Kapitellformen

Zahnschnitt Gesimsglied in Form einer dichten Reihe rechteckiger Steine unter dem Kranzgesims des griechischen Tempels ionischer und korinthischer Ordnung; in der Romanik Schmuckfries aus übereck gestellten Steinen.
Zentralbau Runder, polygonaler oder über gleichlangen Kreuzarmen errichteter Bau.
Zwerchhaus Dachhäuschen mit Giebel.
Zwerggalerie Von Säulen gegliederter, kleiner Laufgang am Außenbau romanischer Kirchen.
Zwinger Bereich zwischen Vor- und Hauptmauer einer Befestigung.

Bibliographie

Allgemeine und epochenübergreifende Literatur

Lexikon der Weltarchitektur, hrsg. von N. Pevsner, H. Honour und J. Fleming. München 3. erw. Aufl. 1992
Propyläen Kunstgeschichte Bd. 512, Supplement 1 und 2. Frankfurt am Main/Berlin u. a. 1967–1978
Weltgeschichte der Architektur, hrsg. P. L. Nervi. Stuttgart 1988
G. Bandmann: Ikonologie der Architektur. Darmstadt 1969
W. Braunfels: Abendländische Stadtbaukunst. Köln 1976
W. Braunfels: Abendländische Klosterbaukunst. Köln 1969
H. G. Evers: Tod, Macht und Raum als Bereiche der Architektur. München 2. Aufl. 1970
S. Giedion: Raum, Zeit, Architektur. Die Entstehung einer neuen Tradition. Ravensburg 1965
P. Gössel/G. Leuthäuser: Architektur des 20. Jahrhunderts. Köln 1990
A. Hauser: Sozialgeschichte der Kunst und Literatur. München 1953
H.-R. Hitchcock: Architecture. Nineteenth & Twentieth Centuries. Harmondsworth 1958
J. Joedicke: Geschichte der modernen Architektur. Stuttgart 1958.
V. Magnago Lampugnani (Hrsg.): Lexikon der Architektur des 20. Jahrhunderts. Stuttgart 1983
V. Magnago Lampugnani/R. Schneider: Moderne Architektur in Deutschland 1900–1950. Stuttgart 1992
P. Lavedan: Histoire de l'Urbanisme. Paris 1959
L. Mumford: Die Stadt – Geschichte und Ausblick. Köln 1963
W. Pehnt: Das Ende der Zuversicht. Architektur in diesem Jahrhundert. Ideen-Bauten-Dokumente. Berlin 1983
H. Straub: Die Geschichte der Bauingenieurkunst. Ein Überblick von der Antike bis in die Neuzeit. Basel/Stuttgart 2. Aufl. 1964
H. Sturm: Fabrikarchitektur, Villa, Arbeitersiedlung. München 1977

Zeitgenössische Architektur

C. Davies: High-Tech-Architektur. Stuttgart 1988
C. Jencks: Die Neuen Modernen: Von der Spät- zur Neo-Moderne. Stuttgart 1990
P. Johnson/M. Wigley: Dekonstruktivistische Architektur. Stuttgart 1988
G. Kähler: Dekonstruktion? Dekonstruktivismus. Aufbruch ins Chaos oder neues Bild der Welten (Bauwelt Fundamente 90). Braunschweig 1990
G. Kähler (Hrsg.): Schräge Architektur und aufrechter Gang. Dekonstruktion – Bauen in einer Welt ohne Sinn (Bauwelt Fundamente 97). Wiesbaden 1993

High-Tech und Postmoderne

C. Jencks: Die Sprache der postmodernen Architektur. Stuttgart 1980
C. Jencks: Spätmoderne Architektur. Stuttgart 1981
H. Klotz: Moderne und Postmoderne. Architektur der Gegenwart 1960–1980. Braunschweig/Wiesbaden 2. Aufl. 1985
C. Rowe: Collage City. Cambridge/Mass. 1979
R. Venturi: Komplexität und Widerspruch in der Architektur. Braunschweig 1978

Nachkriegszeit

W. Durth/N. Gutschow: Architektur und Städtebau der Fünfziger Jahre. Bonn 1987
J. Joedicke: Moderne Architektur. Strömungen und Tendenzen. Stuttgart 1969
H. Klotz: Architektur in der Bundesrepublik. Berlin 1977
U. Kultermann: Architektur der Gegenwart (Kunst der Welt). Baden-Baden 1967
A. Schätzke: Zwischen Bauhaus und Stalinallee. Architekturdiskussion im östlichen Deutschland (Bauwelt Fundamente 95). Braunschweig 1991
M. Schreiber: Deutsche Architektur nach 1945. 40 Jahre Moderne in der Bundesrepublik. Stuttgart 1986

Klassische Moderne

G. C. Argan: Walter Gropius und das Bauhaus. Reinbek 1962
H.-R. Hitchcock/Philip Johnson: The International Style, Architecture since 1922. New York 2. Aufl. 1966
N. Huse: »Neues Bauen« 1918–1933. Moderne Architektur in der Weimarer Republik. München 1975
B. Miller-Lane: Architecture and Politics in Germany 1918 to 1945. Cambridge/Mass. 1968
J. Petsch: Architektur und Gesellschaft. Wien 1973
J. Petsch: Baukunst und Stadtplanung im Dritten Reich. München 1976

Jugendstil und Expressionismus

G. C. Argan: Die Kunst des 20. Jahrhunderts. 1880–1940. (Propyläen-Kunstgeschichte Bd. 12). Berlin 1977
H. G. Evers: Vom Historismus zum Funktionalismus. Baden-Baden 1967

Historismus

M. Brix/M. Steinhauser (Hrsg.): »Geschichte allein ist zeitgemäß«. Historismus in Deutschland. Lahn-Gießen 1978
D. Dolgner: Historismus. Deutsche Baukunst 1815–1900. Leipzig 1993
G. Germann: Neogotik. Geschichte ihrer Architekturtheorie. Stuttgart 1974.
W. Herrmann: Deutsche Baukunst des 19. und 20. Jahrhunderts. Basel/Boston/Stuttgart 1977

Klassizismus

D. Dolgner: Klassizismus. Leipzig 1991
O. Hederer: Klassizismus. München 1976
H. Honour: Neo-Classicism. Harmondsworth 1969
S. Giedion: Spätbarocker und romantischer Klassizismus. München 1922
K. Lankheit: Revolution und Restauration. Baden-Baden 1965
W. Nerdinger/K. J. Philipp/H.-P. Schwarz (Hrsg.): Revolutionsarchitektur. München 1990
D. Watkin, Tilman Mellinghoff: German Architecture and the Classical Ideal. 1740–1840. London 1987
R. Zeitler: Klassizismus und Utopia. Stockholm 1954

Barock und Rokoko

H. Bauer: Barock. Kunst einer Epoche. Berlin 1992
W. Hager: Architektur des Barock. Baden-Baden 1968
H. Rose: Spätbarock. Studien zur Geschichte des Profanbaus in den Jahren 1660–1760. München 1922
H. Millon: Baroque and Rococo Architecture. New York 1961
N. Powell: From Baroque to Rococo. An Introduction to Austrian and German Architecture from 1580 to 1790. London 1959
H.-R. Hitchcock: Rococo Architecture in Southern Germany. London 1968

Renaissance und Manierismus

H.-R. Hitchcock: German Renaissance Architecture. Princeton 1981
E. Hubala: Renaissance und Barock. Frankfurt am Main 1968
H. Kreft/J. Soenke: Die Weserrenaissance. Hameln 6. Aufl. 1986
J. Jahn: Renaissance in Deutschland. Wien 1970
P. Murray: Architektur der Renaissance. Stuttgart 1975

Gotik

G. Bandmann: Mittelalterliche Architektur als Bedeutungsträger. München 3. Aufl. 1965
P. Frankl: Gothic Architecture. Harmondsworth 1962
W. Gross: Gotik und Spätgotik. Frankfurt am Main 1969
H. Hahn: Die frühe Kirchenbaukunst der Zisterzienser. Berlin 1957
R. Krautheimer: Die Kirchen der Bettelorden in Deutschland. Köln 1925
R. Schmidt: Burgen des deutschen Mittelalters. München 1959
N. Zaske: Gotischer Backsteinbau Norddeutschlands zwischen Elbe und Oder. Leipzig 1968

Romanik

H. E. Kubach: Architektur der Romanik. Stuttgart 1974
H. E. Kubach/A. Verbeek: Romanische Baukunst an Rhein und Maas (4 Bde). Berlin 1976–1989
D. von Winterfeld: Die Kaiserdome Speyer, Mainz, Worms und ihr romanisches Umland. Würzburg 1993

Römer, Karolinger und Ottonen

V. H. Elbern (Hrsg.): Das erste Jahrtausend. Kultur und Kunst im werdenden Abendland an Rhein und Ruhr. Düsseldorf 1962
J. Hubert/J. Porcher/W. F. Volbach: Die Kunst der Karolinger. München 1969
J. Hubert, J. Porcher und W. Fritz Volbach: Frühzeit des Mittelalters. München 1968
H. Jantzen: Ottonische Kunst. Hamburg 2. Aufl. 1959
F. Oswald: Vorromanische Kirchenbauten. München 1990